食と雑貨をめぐる旅
悠久の都ハノイへ
最新版

「ベトナム」旅行といえば、1年中常夏でまさに東南アジアというイメージのホーチミン、ビーチリゾートや古い街並みが美しいダナン＆ホイアンへの旅行を思い浮かべる人が多いのではないでしょうか。私たち日本人にとって、東南アジアの旅行先としてまっさきに思い浮かびにくいかもしれないハノイですが、たくさんの知られざる魅力にあふれています。

フランスや中国の影響を受けながら、ベトナムの伝統と感性をもとに独自に発展させてきた文化が感じられる街並みや食べもの、工芸品。食の味わいの深さ、手工芸品の美しさにはベトナムの人々が歴史のなかで培ってきたしなやかさ、そしておおらかさが存分に息づいているように感じます。

路上に並べられたプラスチックの椅子、テーブル。軒先におかれた寸胴鍋のなかでぐつぐつと沸くスープ。バイクのクラクションが鳴り響く路地。後ずさりしたい気持ちをぐっとおさえて、一歩踏み込んでみると、忘れがたい体験が待っているかもしれません。

私がハノイにはじめて降り立って、空港から市内に向かった時。田園に水牛がいたり、ノン笠をかぶった女性たちが農作業をしていたりする牧歌的な風景に「日本の田舎に似ている」とうれしさを感じたのもつかの間、中心部に入るとものすごい数のバイクがクラクションを鳴らしあいながら縦横無尽に走っていました。バイクをかいくぐりながら歩行者が横断する様子に、「私はこの国でやっていけないかもしれない」と大いに不安を感じたことを覚えています。

それでも、早朝から湖畔や公園で体操やダンスを楽しむ人々の姿、自転車いっぱいに花を積んだ花売りが街を走る姿、雨の日も合羽を着てバイクで大きな荷物を運ぶ姿、お昼はたっぷり2時間とってごはんを食べて、お茶を飲んでお昼寝。定時になったらフライング気味で帰宅して家族と過ごすことを大事にするハノイの人々のおおらかさ、しなやかさ、たくましさに触れるうちに、「ハノイについてもっと知りたい」と思う気持ちがじわじわと増えていきました。

少し足をのばすと素晴らしい風景に出合うことができるのも、ハノイ（ベトナム北部）の魅力のひとつ。多くの少数民族が暮らすサパ（ラオカイ省）、世界遺産として有名なハロン湾（クアンニン省）やチャンアン複合景観（ニンビン省）で雄大な自然に触れることができ、また地方でしか味わえないゆったりとした特別な時間を楽しむことができます。

この本は読者のみなさんが「食」と「雑貨」を軸にして旅をする道中で、ハノイをより深く知り、そのエネルギーにあふれた街や人々の暮らしや営み、文化の素晴らしさに触れていただければと思いつくりました。旅行での数日間、または留学や仕事で滞在する間に「ハノイのここが好き」ポイントを増やすことができたら幸いです。

どうぞ素敵な旅になりますように！

Mục lục
もくじ

※本書掲載のデータは2023年5月現在のものです。店舗の移転、閉店、価格改定などにより実際と異なる場合があります。
※「無休」と記載している店舗でも、一部の祝祭日は休業する場合があります。また営業時間も変わる可能性があります。
※ドル表記はあくまで目安です。
※本書掲載の電話番号はすべて現地の電話番号です。ベトナムの国番号は「84」です。

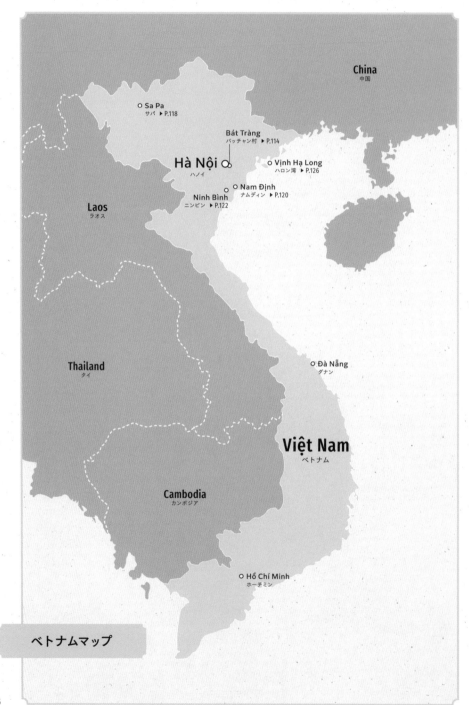

China
中国

○ Sa Pa
サパ ▶ P.118

Bát Tràng
バッチャン村 ▶ P.114

Hà Nội ○

ハノイ

○ Vịnh Hạ Long
ハロン湾 ▶ P.126

○ Nam Định
ナムディン ▶ P.120

Ninh Bình ○
ニンビン ▶ P.122

Laos
ラオス

Thailand
タイ

○ Đà Nẵng
ダナン

Việt Nam
ベトナム

Cambodia
カンボジア

○ Hồ Chí Minh
ホーチミン

ベトナムマップ

6

ベトナム＆ハノイ基礎情報

Việt Nam

ベトナム

正式国名：	ベトナム社会主義共和国 The Socialist Republic of Viet Nam
民族：	キン族（越人）約86％、他に53の少数民族
言語：	ベトナム語
宗教：	仏教、カトリック、カオダイ教ほか
通貨：	ドン（VND）
為替レート：	10,000VND＝57.94円（2023年5月現在）
日本との時差：	－2時間

Hà Nội

ハノイ

人口：	833万人
面積：	3,329 km²（東京の約1.5倍）
	ベトナムの首都であり、政治の中心。
アクセス：	日本からは飛行機の直行便で約5〜6時間、 ホーチミンからは飛行機で約2時間。
観光のベストシーズン：	10月〜11月

ハノイ旅のおすすめモデルルート

PLAN A　2泊3日コース

ハノイと近郊の観光地へ
ショートトリップ

1日目：旧市街を散策　ハノイ泊
2日目：日帰りで行ける近郊の景勝地
　　　　（ニンビンP.122）へショートトリップ
　　　　ハノイ泊
3日目：午前中バッチャン村（P.114）へ
　　　　午後はハノイの観光エリアをまわる

Ninh, Bình

Bát Tràng

PLAN B　3泊4日コース

世界遺産の自然も
ハノイの街も楽しむ旅

1日目：のんびりカフェ＆**ディナー**　ハノイ泊
2日目：**ハロン湾クルーズ**（P.126）　ハロン湾泊
3日目：ハロン湾からの帰り道にバッチャン村散策
　　　　ハノイ泊
4日目：旧市街や文化施設を観光

Ăn tối

Vịnh Hạ Long

PLAN C　4泊5日コース

山岳地域で少数民族の
暮らしに触れる旅

1日目：旧市街を散策　ハノイ泊
2日目：ハノイ市内を観光し、
　　　　夜の列車でラオカイへ　列車泊
3日目：朝ラオカイ駅からサパ（P.118）へ
　　　　サパ市内を散策　サパ泊
4日目：サパ近郊の村へトレッキング
　　　　村でホームステイまたはサパ泊
5日目：ハノイ行のバスでハノイへ戻り、
　　　　スパなどで旅の疲れを癒す

Phố cổ

Sa Pa

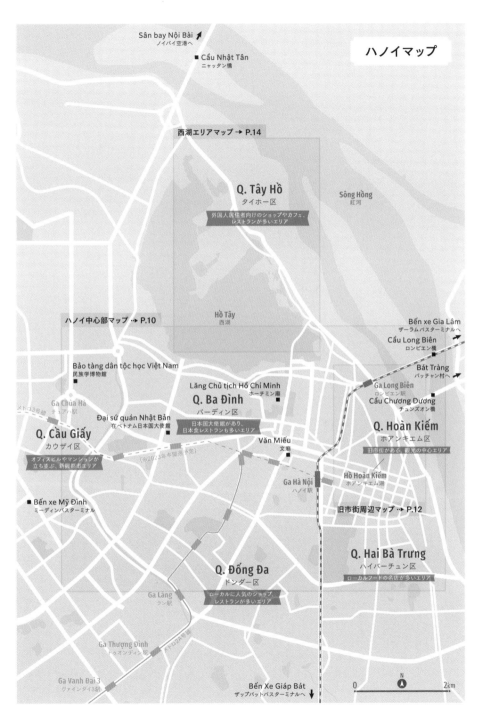

Sân bay Nội Bài ↗
ノイバイ空港へ

Cầu Nhật Tân
ニャッタン橋

ハノイマップ

西湖エリアマップ ‥→ P.14

Q. Tây Hồ
タイホー区

外国人居住者向けのショップやカフェ、
レストランが多いエリア

Sông Hồng
紅河

ハノイ中心部マップ ‥→ P.10

Hồ Tây
西湖

Bến xe Gia Lâm
ザーラムバスターミナルへ

Cầu Long Biên
ロンビエン橋

Bát Tràng
バッチャン村へ

Bảo tàng dân tộc học Việt Nam
民族学博物館

Ga Long Biên
ロンビエン駅

Cầu Chương Dương
チュンズオン橋

Lăng Chủ tịch Hồ Chí Minh
ホーチミン廟

Q. Ba Đình
バーディン区

日本国大使館があり、
日本食レストランも多いエリア

Ga Chùa Hà
チュアハー駅

Đại sứ quán Nhật Bản
在ベトナム日本国大使館

メトロ3号線

Văn Miếu
文廟

Q. Hoàn Kiếm
ホアンキエム区

旧市街がある、観光の中心エリア

Q. Cầu Giấy
カウザイ区

オフィスビルやマンションが
立ち並ぶ、新興都市エリア

(仮2023年中開通予定)

Hồ Hoàn Kiếm
ホアンキエム湖

Bến xe Mỹ Đình
ミーディンバスターミナル

Ga Hà Nội
ハノイ駅

旧市街周辺マップ ‥→ P.12

Q. Hai Bà Trưng
ハイバーチュン区

ローカルフードの名店が多いエリア

Q. Đống Đa
ドンダー区

ローカルに人気のショップ、
レストランが多いエリア

Ga Láng
ラン駅

Ga Thượng Đình
トゥオンディン駅

メトロ2A号線

Ga Vanh Đai 3
ヴァインダイ3駅

Bến Xe Giáp Bát
ザップバットバスターミナルへ ↓

N

0   2km

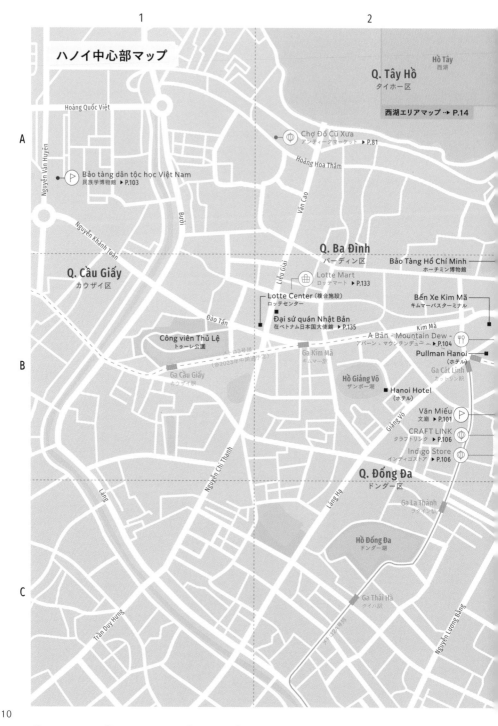

ハノイ中心部マップ

1

2

Hồ Tây
西湖

Q. Tây Hồ
タイホー区

西湖エリアマップ ‥→ P.14

Hoàng Quốc Việt

Chợ Đồ Cũ Xưa
アンティークマーケット ▶ P.81

Hoàng Hoa Thám

A

Nguyễn Văn Huyên

Bảo tàng dân tộc học Việt Nam
民族学博物館 ▶ P.103

Văn Cao

Nguyễn Khánh Toàn

Q. Ba Đình
バーディン区

Bảo Tàng Hồ Chí Minh
ホーチミン博物館

Q. Cầu Giấy
カウザイ区

Liễu Giai

Bưởi

Lotte Mart
ロッテマート ▶ P.133

Đào Tấn

Lotte Center（複合施設）
ロッテセンター

Bến Xe Kim Mã
キムマーバスターミナル

Đại sứ quán Nhật Bản
在ベトナム日本国大使館 ▶ P.135

Kim Mã

Công viên Thủ Lệ
トゥーレ公園

A Bản - Mountain Dew -
アバーン・マウンテンデュー ▶ P.104

地下鉄3号線
（※2023年中開通予定）

Ga Kim Mã
キムマー駅

Pullman Hanoi
（ホテル）

B

Ga Cầu Giấy
カウザイ駅

Hồ Giảng Võ
ザンボー湖

Ga Cát Linh
カットリン駅

Hanoi Hotel
（ホテル）

Văn Miếu
文廟 ▶ P.101

Nguyễn Chí Thanh

Giảng Võ

CRAFT LINK
クラフトリンク ▶ P.106

Indigo Store
インディゴストア ▶ P.106

Q. Đống Đa
ドンダー区

Láng

Lăng Hạ

Ga La Thành
ラタイン駅

Hồ Đống Đa
ドンダー湖

C

Trần Duy Hưng

Ga Thái Hà
タイハ駅

Nguyễn Lương Bằng

(P) 観光スポット (YY) レストラン&軽食 (□) カフェ (⊞) 市場&スーパーマーケットなど (⊚) 雑貨&洋服など

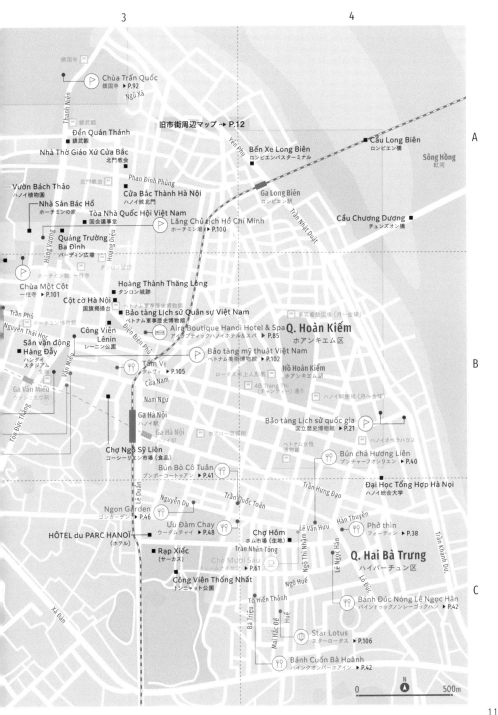

3

マップ中央部分の注記:

- Chùa Trấn Quốc 鎮国寺 ▶P.92
- Ngũ Xã
- 旧市街周辺マップ ▶P.12
- Đền Quán Thánh 鎮武観
- 鎮武観
- Nhà Thờ Giáo Xứ Cửa Bắc 北門教会
- Bến Xe Long Biên ロンビエンバスターミナル
- Cầu Long Biên ロンビエン橋
- Sông Hồng 紅河
- Vườn Bách Thảo ハノイ植物園
- 北門教会
- Phan Đình Phùng
- Nhà Sàn Bác Hồ ホーチミンの家
- Cửa Bắc Thành Hà Nội ハノイ城北門
- Ga Long Biên ロンビエン駅
- Cầu Chương Dương チュンズオン橋
- Tòa Nhà Quốc Hội Việt Nam 国会議事堂
- Lăng Chủ tịch Hồ Chí Minh ホーチミン廟 ▶P.100
- Quảng Trường Ba Đình バーディン広場
- ホーチミン廟 一柱寺
- Chùa Một Cột 一柱寺 ▶P.101
- Hoàng Thành Thăng Long タンロン城跡
- Cột cờ Hà Nội 国旗掲揚台
- Bảo tàng Lịch sử Quân sự Việt Nam ベトナム軍事歴史博物館
- Công Viên Lênin レーニン公園
- Aira Boutique Hanoi Hotel & Spa アイラブティックハノイホテル&スパ ▶P.85
- Q. Hoàn Kiếm ホアンキエム区
- Sân vận động Hàng Đẫy ハンダイスタジアム
- Bảo tàng mỹ thuật Việt Nam ベトナム美術博物館 ▶P.102
- Hồ Hoàn Kiếm ホアンキエム湖
- Ga Văn Miếu
- Tầm Vị タムヴィ ▶P.105
- Cửa Nam
- Nam Ngư
- Bảo tàng Lịch sử quốc gia 国立歴史博物館 ▶P.21
- Ga Hà Nội ハノイ駅
- Chợ Ngô Sỹ Liên ゴーシーリエン市場(食品)
- Bún chả Hương Liên ブンチャーフオンリエン ▶P.40
- Bún Bò Cô Tuân ブンボーコートアン ▶P.41
- Đại Học Tổng Hợp Hà Nội ハノイ総合大学
- Ngon Garden ゴンガーデン ▶P.46
- Ưu Đàm Chay ウーダムチャイ ▶P.48
- Phở thìn フォーティン ▶P.38
- HÔTEL du PARC HANOÏ (ホテル)
- Chợ Hôm ホム市場(生地)
- Rạp Xiếc (サーカス)
- Chợ Mười Sáu ▶P.61
- Q. Hai Bà Trưng ハイバーチュン区
- Công Viên Thống Nhất トンニャット公園
- Bánh Đức Nóng Lê Ngọc Hân バインドゥックノンレーゴックハン ▶P.42
- Star Lotus スターロータス ▶P.106
- Bánh Cuốn Bà Hoành バインクオンバーホアイン ▶P.42
- 0 500m

11

11
ホテル 市内周遊バス バス停

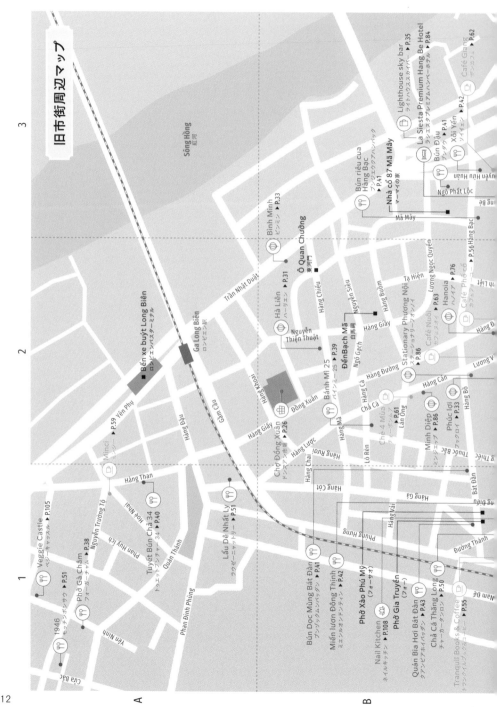

(▷) 観光スポット　(🍴) レストラン&軽食　(🍸) バー　(☕) カフェ　(🏢) 市場&スーパーマーケットなど

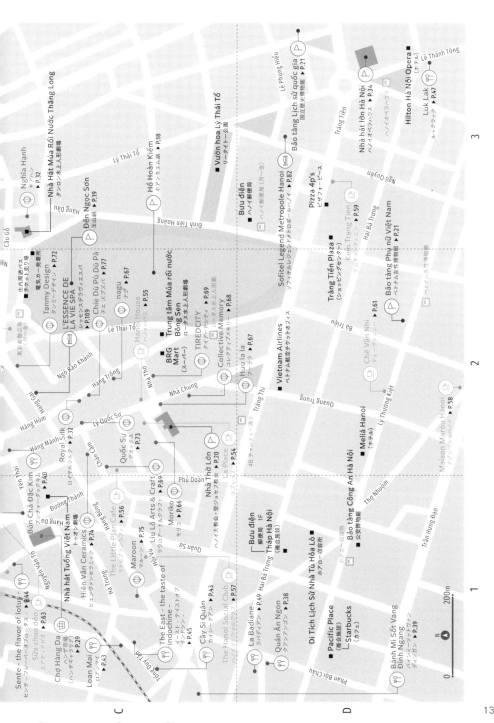

Nghĩa Hạnh ギャラリー ▲P.32
Nhà Hát Múa Rối Nước Thăng Long タンロン水上人形劇場 ▲P.32

Lý Thái Tổ
Hồ Hoàn Kiếm ホアンキエム湖 ▲P.18
Hàng Dầu

Cầu Gỗ

Đền Ngọc Sơn 玉山祠 ▲P.19

Đinh Tiên Hoàng

市内周遊バス チケット売り場
Tanmy Design タンミーデザイン ▲P.72
電気カー一業務所
L'ESSENCE DE LA VIE SPA レッセンスデヴィエスパ ▲P.109
Chie Dù Pù Dù Pà チエズズスパ ▲P.77
nagu ナグ ▲P.67

東京電電広場（月〜金）
Ngõ Bảo Khanh
Hàng Trống
Lê Thái Tổ

Hanoi House ハノイハウス
Trung tâm Múa rối nước Bông Sen ▲P.69
BRG Mart (スーパー)
TIRED CITY タイアードシティ ▲P.67
Collective Memory コレクティブメモリー ▲P.68
Huu la la フララ ▲P.67

Vườn hoa Lý Thái Tổ リークォート公園 ▲P.18

Lê Phụng Hiểu

Bảo tàng Lịch sử quốc gia 国立歴史博物館 ▲P.21

Bưu điện ハノイ郵便局（月〜金）

Sofitel Legend Metropole Hanoi ソフィテルレジェンドメトロポールハノイ ▲P.82

Pizza 4p's ピザフォーピース

Kem Tràng Tiền ケムチャンティエン ▲P.59

Nhà hát lớn Hà Nội ハノイオペラハウス ▲P.34
Hilton Hà Nội Opera (ホテル)
Lê Thánh Tông
Luk Lak ルークラック ▲P.47

Tràng Tiền
Ngô Quyền
Hai Bà Trưng

Trang Tiền Plaza (ショッピングセンター)
Bảo tàng Phụ nữ Việt Nam ベトナム女性博物館 ▲P.21
Chè Văn Nhi チェーヴァンニー ▲P.61

Bà Triệu
ベトナム竹博物館

Nhà Thờ
Nhà Chung
Lý Quốc Sư
Quốc Sư クォックス ▲P.73
Chân Cầm

Royal Silk ロイヤルシルク ▲P.32

Hàng Manh
Hàng Hòm
Hàng Gai
Yên Thái

Hàng Bông

Đường Thành

Bún Chả Đắc Kim ブンチャーダックキム ▲P.40

Hàng Da
Nguyễn Văn Tố

Nhà hát Tuồng Việt Nam トゥオン劇場
Hiến Vân Ceramics ヒエンヴァンセラミック ▲P.74
The Little Plan Cafe リトルプランカフェ ▲P.56
Maroon マルーン ▲P.75
Hội Vũ
Hà Trung
Quán Sứ

Liu Lô Arts & Craft ▲P.69
Moriko モリコー ▲P.66

Nhà Thờ Lớn ハノイ大教会・聖ジョセフ教会 ▲P.20
La Place ラプラス ▲P.54

Trang Thi
Quang Trung
Lý Thường Kiệt

Meliá Hanoi (ホテル)

Maison Marou Hanoi メゾンマルウハノイ ▲P.58

Vietnam Airlines ベトナム航空チケットオフィス

Thợ Nhuộm

Bảo tàng Công An Hà Nội 公安博物館

Trần Hưng Đạo

Sente - the flavor of lotus - セント・フレーバーオブロータス ▲P.44
Sữa chua dẻo スアチュアゼオ ▲P.63
Chợ Hàng Da (ハンザ市場)
Loan Mai ロアンマイ ▲P.43

Tống Duy Tân
Bưu điện 郵便局 1F
Di Tích Lịch Sử Nhà Tù Hỏa Lò Tháp Hà Nội (複合施設)
ホアロー収容所

The East - the taste of Indochine - イースト・テイストオブ インドシン ▲P.45
Cây Si Quán カイシークアン ▲P.43
The Hanoi Social Club ハノイソーシャルクラブ ▲P.57
La Badiane ラバディアン ▲P.49
Quán Ăn Ngon クアンアンゴン ▲P.38
Di Tích Lịch Sử Nhà Tù Hỏa Lò Hai Bà Trưng

Phan Bội Châu

Bánh Mì Sốt Vang Đình Ngang バインミーソットヴァン ディンガン ▲P.39
Pacific Place (複合施設)
Starbucks (カフェ)

N
0   200m

1   2   3

C

D

13

雑貨&洋服など   ホテル   スパ&ネイルサロン   市内周遊バス バス停

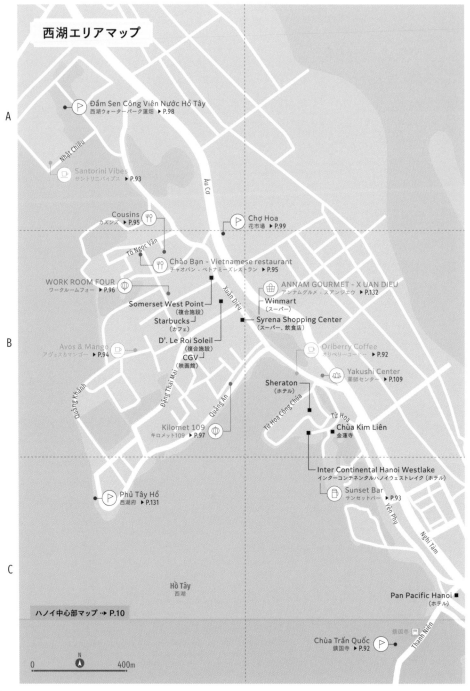

西湖エリアマップ

1

2

A

Đầm Sen Công Viên Nước Hồ Tây
西湖ウォーターパーク蓮畑 ▶ P.98

Nhật Chiêu

Âu Cơ

Santorini Vibes
サントリニバイブス ▶ P.93

Cousins
カズンズ ▶ P.95

Chợ Hoa
花市場 ▶ P.99

Tô Ngọc Vân

Chào Bạn - Vietnamese restaurant
チャオバン・ベトナミーズレストラン ▶ P.95

WORK ROOM FOUR
ワークルームフォー ▶ P.96

ANNAM GOURMET - X UAN DIEU
アンナムグルメ・スアンズェウ ▶ P.132

Xuân Diệu

Somerset West Point
（複合施設）

Winmart
（スーパー）

Starbucks
（カフェ）

Syrena Shopping Center
（スーパー、飲食店）

B

Avos & Mango
アヴォス&マンゴー ▶ P.94

Đặng Thai Mai

D'. Le Roi Soleil
（複合施設）

Oriberry Coffee
オリベリーコーヒー ▶ P.92

CGV
（映画館）

Quảng Khánh

Yakushi Center
薬師センター ▶ P.109

Quảng An

Sheraton
（ホテル）

Từ Hoa Công Chúa

Từ Hoa

Chùa Kim Liên
金蓮寺

Kilomet 109
キロメット109 ▶ P.97

Inter Continental Hanoi Westlake
インターコンチネンタルハノイウェストレイク（ホテル）

Sunset Bar
サンセットバー ▶ P.93

Phủ Tây Hồ
西湖府 ▶ P.131

Yên Phụ

Nghi Tàm

C

Hồ Tây
西湖

Pan Pacific Hanoi
（ホテル）

ハノイ中心部マップ ⇢ P.10

N

0 　　　　　　 400m

Chùa Trấn Quốc
鎮国寺 ▶ P.92

鎮国寺

Thanh Niên

ⓟ 観光スポット　 ╲╱ レストラン&軽食　 🍺 バー　 ☕ カフェ　 🏛 市場&スーパーマーケットなど　 ◉ 雑貨&洋服など

💅 スパ&ネイルサロン　 🚌 市内周遊バス バス停

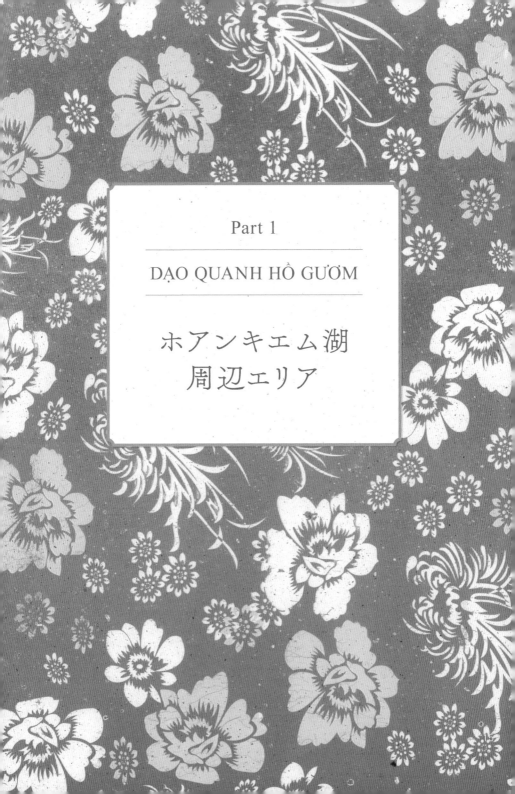

Part 1

DẠO QUANH HỒ GƯƠM

ホアンキエム湖
周辺エリア

古い家が多く残る旧市街。お店とお店の間の細い通路の奥にまで店舗があることも。

ハノイ旧市街36通りで遊ぶ

　ハノイらしさを味わうなら、まずは旧市街を歩いてみましょう。熱気とクラクションの音に尻込みするかもしれませんが、一歩足を踏み入れると、どこかなつかしさを感じる場所です。小さな商いをするお店が軒を連ねるこのエリアは、「ハノイ旧市街36通り」と呼ばれ、ベトナム北部の問屋街として、毎日多くの人々が行き交います。この旧市街の歴史は、ハノイに都が移った1010年、タンロン城の東側に王室への献上品をつくる職人が全国から集められたのがはじまり。通りを歩いていると、同じ商品を扱うお店が並んでいることに気がつくはず。遷都当時、職人たちが同じ職業同士で集まって町をつくっていったことに由来して、その職人たちが扱う品物の名前が、そのまま通りの名前として残っています。旧市街の通り名によく登場する「Hàng（ハン）」は品という意味で、例えば草製品をつくる職人が集まる通りは、Hàng Chiếu

（チュウ＝い草）といった具合に、通り名と商いしている品名が連動しています。時代を経て扱う商品が変わった通りもたくさんありますが、今でも残っている通りはP.22でも紹介します。

　旧市街に限らず、ベトナムでは隣同士で同じ商売をしているお店をよく見かけます。例えば有名なフォー（米粉麺）屋のまわりにはフォー屋が軒を連ねていたり、天秤棒を担いだ行商の果物売りが道で商売をはじめると、同じ果物を売る人がやってきて隣に並んだり。日本人の考えでは「そんなことをしたら、儲からないのでは」と思ってしまうのですが、ベトナム人に言わせると、並んで売っていたほうがお客さんも集まりやすいし、お互いに足りないものを補い合えるからよいのだとか。1986年にドイモイ政策（市場開放）が導入されるまでの色濃い社会主義の考えや歴史が垣間見えるのも、街歩きの楽しさのひとつかもしれません。

1.採れたてのフルーツを売るおばちゃんたち。2.旧市街にはノン笠を売る出店があちらこちらに。3.路上で売っているバインミーは、やわらかくてさくさくした食感。おやつがわりに。4.季節の花を自転車いっぱいに乗せて走る花売りはハノイの風物詩。

▷ 観光スポット

Hồ Hoàn Kiếm

ホアンキエム湖

伝説が残る湖で、ゆるり散歩

　にぎやかな旧市街の南側には、「Hồ Gươm（ホーグオム＝ホアンキエム湖の別称）」という愛称で親しまれる湖があり、木陰でのんびりとくつろぐ人たちが集います。湖を囲む木々に咲く、季節の花を楽しむのも見どころのひとつです。4月頃は紫のおおぶりな花「Hoa Bằng Lăng（バンラン）」が咲き乱れ、5月頃は碧色の湖とのコントラストが映える真っ赤な火炎樹が彩ります。

　週末、湖周辺は歩行者天国になります。アイスを片手に散歩したり、地元の若者たちがダンスを楽しんだり、アオザイの撮影会をしたり、縄跳び大会が突然はじまったりと市民の憩いの場として多くの人から愛されるこの湖はハノイの象徴。ホアンキエム湖を見下ろすカフェでそんな様子をのんびりながめながら、ベトナムコーヒーを飲んで過ごすのが、休日の私のお気に入りの過ごし方です。

📍 Hoàn Kiếm, Hà Nội

MAP P.13 C-2

18

Đền Ngọc Sơn

玉山祠

真紅の橋の先にあるのが、玉山（ゴックソン）島の上に建つ「玉山祠」。文、医、武の三聖人が祀られています。ベトナムで有名な「ホアンキエム湖伝説」に出てくる亀の剥製も展示されています。

- 🕐 7:00〜18:00
- 🏠 無休
- 🎫 入場料：30,000 VND

[**ホアンキエム湖伝説とは**]

15世紀、明（現在の中国）に支配されていた時代、のちにベトナムの皇帝となるレー・ロイが、神から授けられた宝剣によって明からの独立を勝ち取りました。レー・ロイが王位についた後、ホアンキエム湖に現れた大きな亀から宝剣を返すよう啓示を受け、宝剣を腰から抜くと、大亀はそれを口にくわえ、湖のなかに消えて行った、という伝説です。この伝説が「Hoàn（還）Kiếm（剣）」湖の名前の由来になっています。

ホアンキエム湖の中心にある亀の塔は、季節やその日の天気によって見え方が変わります。

ハノイの四季を
楽しもう

湖畔のベンチで思い思いの時を過ごす人々。

初夏のハノイを彩るバンラン。

1.正面左側の扉からなかを見学できます。
2.淡い光が美しく、時間を忘れて見入って
しまいます。3.礼拝中の人も多いのでマ
ナーを守って見学しましょう。

 観光スポット

Nhà Thờ Lớn

ハノイ大教会・聖ジョセフ教会

100年以上の歴史を刻むハノイのランドマーク

　フランス領インドシナ時代の1886年、パリのノートルダム寺院
と同じ建築様式のネオゴシックで建てられた、ハノイでいちばん
大きな教会です。なかに入ると、イタリアのベネチアから運ばれて
きたというステンドグラスの美しさに目を奪われます。ステンドグ
ラスのなかでも、正面にある大きなバラ窓はひときわ目をひき、
うっとりといつまでもながめていたくなる美しさです。

　ベトナムでは人口の約8割が仏教徒ですが、約1割はキリスト
教徒。ハノイの街中にはいくつもの教会があり、それぞれ美しい
様式なので、時間がある方は教会めぐりをしてみてください。

📍 40 Nhà Chung, Hoàn Kiếm, Hà Nội

　MAP ┆ P.13 C-2

┌ **Trà Chanh（チャーチャイン）で**
ひと休み ┘

大教会周辺には、チャーチャイン（ライム
ティー）のお店が並んでいます。小さなお風
呂椅子に座ってチャーチャインを飲み、ひ
まわりの種をかじりながら友人と談笑する
のがハノイ流の楽しみ方です。

観光スポット

Bảo tàng
Lịch sử quốc gia
国立歴史博物館

ベトナムの歴史を探究しよう

　フランス人の建築家エブラールによって、ベトナムの気候や文化を考慮して設計されたインドシナ建築様式の代表作。ハノイでもっとも美しい建築物のひとつといわれています。フランス入植当時に建てられたソフィテルレジェンドメトロポール（P.82）や、パリのオペラ座と同じ様式のハノイオペラハウス（P.34）とあわせて、めぐってみて。博物館は道をはさんで2か所に分かれています。

- 📍 1 Tràng Tiền, Hoàn Kiếm, Hà Nội
- 📍 216 Đường Trần Quang Khải, Hoàn Kiếm, Hà Nội
- 📞 024 3825 2853　🕐 8:00〜12:00、13:30〜17:00
- 🏠 月曜休み　✉ 入館料：40,000 VND
- 🖳 baotanglichsu.vn

(MAP ┊ P.11 B-4, P.13 D-3)

＼ ここに注目！ ／

1288年、ベトナムがモンゴル（元）軍を撃退した「バクダン（白藤江）の戦い」の大きな絵。ベトナム軍の巧妙な作戦により、元との戦いに勝利したストーリーが表現されていて圧倒されます。

＼ ここに注目！ ／

ベトナムの少数民族の衣服が、解説とともに展示されています。今では見ることができない、繊細な手刺繍や手織物、アップリケをじっくりと鑑賞できます。無料で利用できる1階のミュージアムショップでは、少数民族から直接買い付けた小物の販売も。

観光スポット

Bảo tàng Phụ nữ
Việt Nam
ベトナム女性博物館

生活文化を体系的に知りたいなら

　街歩きをしているとあちこちで女性が天秤棒を担いでせっせと重たそうな果物を売り歩く姿や、早朝から店開きの準備をする姿を見かけます。ベトナムの女性は本当に働き者。そんなベトナム女性たちの生活や文化を紹介する博物館です。

　女性が飲むとよいとされる漢方の紹介から、結婚や宗教に関すること、少数民族の女性たちの伝統衣服など女性にまつわるあらゆることが展示されています。

- 📍 36 Lý Thường Kiệt, Hoàn Kiếm, Hà Nội
- 📞 024 3825 9936　🕐 8:00〜17:00　🏠 無休
- ✉ 入館料：40,000 VND
- 🖳 www.baotangphunu.org.vn

(MAP ┊ P.13 D-2)

21

Bản đồ khu phố cổ Hà Nội

ハノイ旧市街マップ

· · · · · · · · · おすすめルート

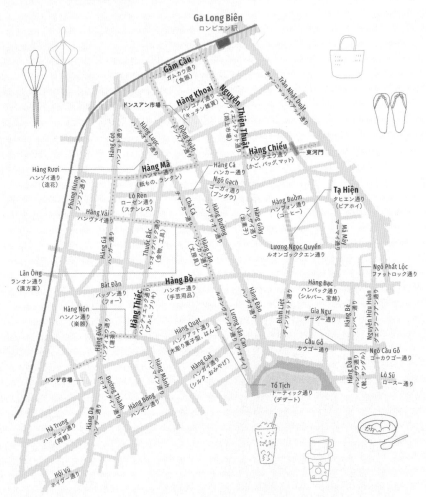

Ga Long Biên
ロンビエン駅

Gầm Cầu
ガムカウ通り
(楽器)

ドンスアン市場

Hàng Khoai
ハンゴアイ通り
(キッチン雑貨)

Nguyễn Thiện Thuật
グエンティエンフアット通り
(路上市場)

Trần Nhật Duật
チャンニャットズアット通り

Hàng Lược
ハンルオク通り

Hàng Cót
ハンコット通り

Đồng Xuân
ドンスアン通り

Hàng Chiếu
ハンチエウ通り
(かご、バッグ、マット)

東河門

Hàng Rươi
ハンゾイ通り
(造花)

Hàng Mã
ハンマー通り
(紙もの、ランタン)

Hàng Cá
ハンカー通り

Ngõ Gạch
ゴーガイ通り
(ブンダウ)

Tạ Hiện
タヒエン通り
(ビアホイ)

Lò Rèn
ローゼン通り
(ステンレス)

Chả Cá
チャカー通り

Hàng Đường
ハンズオン通り

Hàng Giầy
ハンザイ通り
(吉菓子)

Hàng Buồm
ハンブオム通り
(コーヒー)

Mã Mây

Phùng Hưng
フンフン通り

Hàng Vải
ハンヴァイ通り

Hàng Gà
ハンガー通り

Thuốc Bắc
トゥオクバック通り
(金物、工具)

Hàng Cân
ハンカン通り
(天秤屋)

Lương Ngọc Quyến
ルオンゴッククエン通り

Ngõ Phát Lộc
ファットロック通り

Lãn Ông
ランオン通り
(漢方薬)

Bát Đàn
バッダン通り
(フォー)

Hàng Thiếc
ハンティエック通り
(アルミ、ブリキ)

Hàng Bồ
ハンボー通り
(手芸用品)

Hàng Đào
ハンダオ通り

Hàng Bạc
ハンバック通り
(シルバー、宝飾)

Hàng Bè
ハンベー通り

Nguyễn Hữu Huân
グエンフーフアン通り

Hàng Nón
ハンノン通り
(楽器)

Hàng Điếu
ハンディウ通り
(傘)

Hàng Quạt
ハングアット通り
(木製お菓子型、はんこ)

Đinh Liệt
ディンリェット通り

Lương Văn Can
ルオンヴァンカン通り

Gia Ngư
ザーグー通り

Cầu Gỗ
カウゴー通り

Ngõ Cầu Gỗ
ゴーカウゴー通り

ハンザ市場

Dương Thành
ズオンタイン通り

Hàng Mành
ハンマイン通り

Hàng Gai
ハンガイ通り
(シルク、おみやげ)

Hàng Đậu
ハンゾウ通り

Lò Sũ
ロース一通り

Hàng Da
ハンザ通り

Hàng Bông
ハンボン通り

Tố Tịch
トーティック通り
(デザート)

Hà Trung
ハチュン通り
(両替)

Hội Vũ
ホイヴー通り

旧市街の歩き方

旧市街には、同じジャンルの商品が並ぶ通りがたくさんあります。日用品や紙飾り、手芸用品、漢方など、売っているものを目印に歩いていけば、迷路のように入り組んだエリアの攻略法が見えてくるはず。雑多に積まれた商品から光るものを見つける宝探しのような買いものはもちろん、ぶらぶら歩くだけでも楽しいですよ。

かご、ござ

Hàng Chiếu
ハンチエウ通り

Chiếuはい草のこと。い草で編まれたござやのれん、かごバッグなどが並びます。素材はい草以外にも藤や竹、プラスチック製のものまでそろいます。この通りの東の端には旧タンロン城門の東河門が残っているので、ぜひ歩いてみてください。この通りで買えるかごバッグはP.30でご紹介。

かごバッグ ⋯▶ P.30

紙もの、ランタン

Hàng Mã
ハンマー通り

Mã（冥器＝死者があの世で苦労しないように燃やして冥土に送る紙のお金などのこと）の名が付いたこの通りには、祭事用品が道いっぱいにずらっと並んでいます。旧正月には、正月飾りやお年玉袋、中秋節には子どものおもちゃ、クリスマスにはツリーやリースとイベントごとに関連したグッズのお店が開かれ、それを買い求める人たちでにぎわいます。行事ごとにしか出まわらない商品もあるので、訪れるたびに新しい発見があってわくわくします。

ブリキ、アルミ

Hàng Thiếc
ハンティエック通り

Thiếcは錫（すず）という意味。昔から金属製の生活道具をつくる専門の職人がいた通りです。現在でもアルミ、ステンレス、ブリキなどでできた調理器具やポストなどの生活用品が売られています。アルミの鍋や柄杓（ひしゃく）、お菓子の焼き型など、雑貨好きにはたまらない逸品がたくさんあって、楽しい通りです。値段交渉は大変ですし、お店側もあまり売る気がないので、冷たくあしらわれがちですが、まとめ買いする気概を見せて、買いものを楽しみましょう。

手芸用品

Hàng Bồ
ハンボー通り

1945年に「Rue des Paniers」というフランス語名から現在の名称に変更されました。Bồ＝バスケット通りという意味で、以前は竹製のかごなどを販売する商店が軒を連ねていましたが、現在は洋裁用品を扱うお店がたくさん。ボタンやリボンが店先に並べられ、手芸好きな人であれば足を止めずにはいられません。

23

フランスの面影が残る街並みを散歩しよう

　ハノイを歩いていると、「ここはフランス？」と思うような光景に出会います。でも、横にはバイクに2人乗りする人や天秤棒を担ぐノン笠のおばちゃんがいて、「そうだ、ここはベトナムだった」と、ふっとおもしろい気持ちがこみ上げてきます。

　19世紀にフランス統治下となり、フランスから持ち込まれた文化や生活様式は意外にもベトナムになじみ、愛され、今もそのかたちを残しています。バインミー（ベトナムパン）やベトナムコーヒーもフランスのおきみやげといわれ、食文化にもフランスの影響が見られます。ハノイには、ベトナム、カンボジア、ラオスにまたがるフランス領インドシナの総統府があったため、フランス人によって建てられた建物も多く残っています。それらの建物をじっくり見てまわるのもハノイ旅の醍醐味。おすすめは、フランス人建築家エブラールによって確立されたインドシナ様式と呼ばれるベトナムの伝統を取り入れた建物です。代表的な建物は国立歴史博物館（P.21）のほか、北門教会（MAP P.11 A-3）、ハノイ総合大学（MAP P.11 B-4）です。大学は入ることができませんが、大きなエントランスの扉のアイアンワークのデザインだけでも見る価値があります。

　ハノイの旧市街を歩くと、バイクや行商の人を避けるのに必死でなかなか上を見ないかもしれませんが、ちょっと立ち止まって、建物の2階を見上げてみてください。1階のお店はギラギラした看板にあふれんばかりの商品の山ですが、2階に目を向けるとフランス領時代の古い建物のままという家がたくさんあります。アイアンワークのかわいらしい窓枠やドア、アンティークのフレンチタイルなど、レトロな建物やインテリアに惹かれる私は、旧市街を歩いているとわくわくした気持ちになります。じっくりと家のつくりを観察していると、「この家は100年以上建っているんだよ！」なんておばちゃんが解説してくれたりします。歴史に思いを馳せて旧市街歩きを楽しんでみてください。きっと興味深い発見があるはずです。

1.風景にとけこむ天秤棒を担ぐ女性。2.築100年以上と思われる建物。3.南仏を思わせる黄色に彩られた北門教会。4.素敵な扉の民家。

Gạch Bông

タイル

古民家の床に今も残るセメントタイ
ル。色とりどり、古いものから新しい
柄までさまざまな種類があり、写真
に残してコレクションしたくなります。
最近では、タイルの柄をコースター
や絵ハガキ、生地にデザインしたお
みやげ品も見かけます。

Cánh Cửa

ドア

アイアンレリーフのデザインが美し
い木製の両開きの扉。日本に持ち
帰るのはむずかしいけれど、インテ
リアとしても素敵であこがれます。

旧市街散策のスタート地点、またはゴール地点の目印に。

 市場

Chợ Đồng Xuân
ドンスアン市場

ごちゃごちゃした空間が楽しめる人、
お宝を探したい人におすすめ

　旧市街を歩いて雑貨を見つけるのも楽しいですが、時間がない場合はドンスアン市場をのぞいてみましょう。ドンスアン市場は、ハノイでもっとも大きな市場のひとつ。靴やバッグ、おもちゃ、生活雑貨や布などが雑多に売られ、まとまった量でしか買えないような卸し専門店もあります。値札は付いていませんが、お店のおばちゃんが電卓で値段を提示してくれるのでご安心を（値下げ交渉はなかなか応じてくれませんが……）。どうしてもほしいものがあったら、決して焦らず笑顔で交渉してみてください。こちらが笑顔だと最初は少しとまどいを見せたおばちゃんも笑顔を返してくれ、おまけもしてくれるかもしれません。

1.コーヒーやお茶、ちょっとあやしいドライフルーツも見つかります。2.3.キッチュな柄の布も豊富。

📍 Đồng Xuân, Hoàn Kiếm, Hà Nội
🕐 7:00〜18:00（店により異なる）
🏠 無休

MAP P.12 B-2

こしょう挽き、
50,000 VND〜。

フルーツピック、
各60,000 VND。

ホーロー鍋、
各240,000 VND〜。

ポップアップカード、
各25,000 VND〜。

刺繍ポーチ、
各20,000 VND〜。

ココナッツボール、
各35,000 VND〜。

刺繍巾着やかごバッグ、20,000 VND〜。

ドンスアン市場周辺は、日用品の宝庫

ドンスアン市場の周辺を歩いてみると、フルーツや乾物のマーケットがあったり、日用品の問屋通りがあったりと雑貨好きにはたまらない場所が集まっています。たくさんのものを積んだバイクや天秤棒を担いだ女性たちをかきわけながら、バイヤー気分でデッドストックを探してみましょう。
→P.22 旧市街マップ

飾っても
かわいい!

Hàng Khoai
ハンコアイ通り

コップやキッチン用品を扱う通り。かごやほうきを売っているお店をのぞいてみると、日本人にとっては昔懐かしいアイテムがたくさんあります。

うちわ、25,000 VND〜。かご、50,000 VND〜。
ほうき、20,000 VND〜など。

Gầm Câu
ガムカウ通り

線路高架下にあるガムカウ通りは、路地ならではの"裏ハノイ感"があり、「店頭にはおいてないデッドストックがあるのではないか?」とわくわくさせてくれます。安い地ビールが飲めるビアホイで使われている再生ガラスのグラスやキッチュなスプーン、ホーローなどが手に入ります。

ビアホイグラス、各10,000 VND。キッチュなスプーン、
10本セットで50,000 VND。

Nguyễn Thiện Thuật
グエンティエントアット通り

天秤棒の女性たちがフルーツや花を路上で販売しています。その後ろには古い団地がそびえ建ち、在りし日のハノイらしい哀愁を感じさせる風景が広がるお気に入りスポットです。

🏛 市場

Chợ Hàng Da
ハンザ市場（ハンザギャラリア）

地下に広がるワンダーワールド
掘り出しものを探しにGo

　ハンザ市場は、2011年に改修工事を経て「ハンザギャラリア」と名前を替えてリニューアルオープンしました。当初は有名なブランドやおみやげ屋もありましたが、今は「オープンしてる？」と、心配になるほどがらんとしています。でも、地下は昔の市場のままなので、安心して訪れてみてください。ここのお目当ては、バッチャン焼き。バッチャン村まで行けなくても、お手頃な値段で購入できます。赤土で焼き上げられた、ぽってりしたフォルムがかわいい昔ながらのバッチャン焼きも豊富。ただし、よく見ると形がいびつだったり、絵が雑だったりするので、吟味してお気に入りを見つけてください。

バッチャン焼き
見つけた！

1.外の階段を下りて地下へ。入り口のドアを開けると市場独特の香りがして、うす暗く、無機質な感じを受けますが、商売をしている女性たちは明るく活気があります。冷房もきいています。2.お茶や乾物系も雑多に売られています。3.バッチャン焼きや日用品が積み上がっています。4.私のお気に入りのお店は、このお姉さんがいるお店。いつもやさしく笑顔で、少し日本語が話せます。近くでは妹さんがチェーを販売しています。

🔵 Hàng Da, Hoàn Kiếm, Hà Nội

🕐 8:00～18:00（店により異なる）　🏠 無休

MAP｜P.13 C-1

チェーも
売ってるよ

29

マルシェバッグを
探して

天然素材のい草、ウォーターヒヤシンス、竹、ラタンなどを手で編んでつくったかごバッグ。ベトナムでは、おしゃれなデザインから、市場などで使われている素朴なデザインまでそろいます。旧市街を散策しながらお気に入りを見つけましょう。

Mây
ラタン（籐）

高級素材のラタンで編まれたバッグは軽いのに丈夫で、上品な見た目。職人技がいきるかごバッグはほかの素材のものより高いですが、ぜひおみやげにひとつ選んでみては。

Cói
い草

水草を乾燥させて編んだものや、紙のように繊維上にした素材を編んだバッグ。ベトナムでよく利用されるござにも使われています。

Bèo
ウォーターヒヤシンス

青色のかわいらしい花が咲く水草です。ぽってりとした網目がかわいらしく、バッグのほか、大き目の洗濯かごなどもあります。

Tre
竹

高級感があり、丈夫なので、ベトナムではバッグ以外にも棚やランプシェードなどのインテリアによく使われます。

プラスチック素材の
マルシェバッグ

梱包素材のカラフルなPPバンドをベトナムらしい色彩感覚で編み上げたプラスチックバッグが、ここ数年日本でも人気です。水に濡れたり、汚れたりしても大丈夫なのと、重いものも運べる機能性が人気の理由。ベトナムみやげの定番です。

\ 買えるお店 /

Hà Liên
ハーリエン

📍 74B Hàng Chiếu, Hoàn Kiếm, Hà Nội
📞 093 636 6551 🕐 8:00〜18:00 🏠 無休

(MAP | P.12 B-2)

編み方いろいろ！
PPバンドのサイズやカラーでバリュエーションは無限大。

┌ ハノイのマルシェバッグSNAP ┐

丈夫で
使いやすいよー

雨にも負けない
行商の味方！

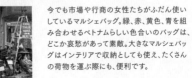

今でも市場や行商の女性たちがふだん使いしているマルシェバッグ。緑、赤、黄色、青を組み合わせるベトナムらしい色合いのバッグは、どこか哀愁があって素敵。大きなマルシェバッグはインテリアで収納としても使え、たくさんの荷物を運ぶ際にも、便利です。

アオザイ、ワンピースをつくる

　ベトナムの民族衣装のアオザイや好みのデザインのワンピースを好きな布でオーダーできます。お店では布の種類が限られているので、ドンスアン市場（P.26）の2階で生地を選ぶと、より自分好みの服がつくれます。ワンピースをつくる時は、どんなデザインにしたいのか、写真をお店の人に見せるか、既製のワンピースを参考として持ち込んで相談しましょう。仕上がりはワイシャツやカットソーなど簡単なものなら1日、アオザイも2日程度で完成します。

Royal Silk
ロイヤルシルク

📍 64 Hàng Trống, Hoàn Kiếm, Hà Nội
📞 037 555 5171　🕐 9:00〜8:30　🏠 無休
🏷 料金目安：ワイシャツ$20〜・ワンピース$35〜、
　　アオザイ$50〜※縫製の工程数により値段が異なります。
(MAP) P.13 C-2

旧市街でオーダーメイドしてみよう

ビーズのサンダルが
おすすめ！

サンダルをつくる

　旧市街にある、履きものの問屋が並ぶハンザウ（Hàng Dầu）通りでは、靴やサンダルが路面いっぱいに陳列されています。サンダルは、好きなかたちのソールとアッパーのデザインを選んだら、お店の人がカンカンカンカン！　と釘で打ちつけてあっという間につくってくれます。お姉さんの見事なサンダルつくりを真近で見ることができるのも楽しい。

Nghĩa Hạnh
ギアハン

📍 16 Hàng Dầu, Hoàn Kiếm, Hà Nội
📞 024 3826 6990　🕐 9:00〜21:00　🏠 無休
🏷 料金目安：200,000 VND〜
(MAP) P.13 C-3

はんこをつくる

旧市街で長年手彫りではんこをつくり続ける、老舗のはんこ屋「Phúc lợi（フックロイ）」ではんこをオーダーメイド。すでにでき上がったデザインに名前などの文字を彫るだけなら所要時間10分で$3、オリジナルデザインを彫ってもらう場合はデザインを印刷した紙をお店の人に見せて、大きさなどを相談してオーダーします。デザインや大きさにより$7～注文できます。

Phúc lợi
フックロイ
- 📍 6 Hàng Quạt, Hoàn Kiếm, Hà Nội
- 📞 024 3828 6326　⏰ 7:30～18:00　🏠 無休
- MAP ┊ P.12 B-2

ベトナムでは、まだまだ既製品のサイズやデザインなどのバリエーションが少ないため、ほしいものはオーダーメイドします。旅行でハノイに来たら、オーダーメイドのものづくりにチャレンジしてみるのはいかがでしょう。ただ、「1日でできる！」とお店の人が胸を張っていても、翌日に受け取りに行くと「まだできてないから明日また来て！」なんて言われることもあるので、時間に余裕を持ってオーダーするのがコツです。

ネームプレートをつくる

19世紀のフランスで使用されていた道路の標識デザインの名残が、ベトナムには残っています。このプレート看板、好きな文字でオーダーメイドできます。時間に余裕のある人はぜひチャレンジしてみて。ただ、ベトナム語しか通じないので、現地の人やガイドさんと一緒に行くことをおすすめします。

Bình Minh
ビンミン
- 📍 60 Trần Nhật Duật, Hoàn Kiếm, Hà Nội
- 📞 094 970 2102　⏰ 8:00～17:00　🏠 無休
- 💰 料金目安：100,000 VND～
- MAP ┊ P.12 B-2

ハノイの夜をオペラハウスで優雅に楽しむ

1911年にパリのオペラ座をモデルにして建てられた
ハノイオペラハウス。規模は小さいですが、その優
雅で美しい佇まいは見ごたえがあります。そんなオペ
ラハウスでハノイの夜をゆっくり楽しむのも素敵です。

Nhà hát lớn Hà Nội
ハノイオペラハウス

📍 1 Tràng Tiền, Hoàn Kiếm, Hà Nội

MAP ┆ P.13 D-3

オペラハウスで開催されるイベント

[**VNSO**(ベトナム国立交響楽団)**のコンサート**]

日本人で音楽監督＆首席指揮者を務める、本名徹次氏が率いる
VNSO(ベトナム国立交響楽団)は、1959年に創立されたベトナム
を代表するオーケストラです。コンサートには、日本人など海外から
の特別ゲストが加わることもあり、そのハーモニーはハノイだからこ
そ聞くことができる特別な響きがあります。
チケットの購入方法：公演日当日にオペラハウスの窓口で購入また
はスターロータス(P.107)へ

1.公演前のホール。2.バイクが行き交うロータリー
の前にあります。3.フレスコ画の天井とシャンデリ
アが美しい。4.大理石のクラシカルなエントランス。

しっとり過ごす？　わいわい過ごす？　ハノイの夜時間

旅行でハノイに来たなら、夜の街にも繰り出してみましょう。ホテルの屋上にあるバーで熱気まじりの夜景を見ながらカクテルを飲んだり、旧市街でハノイっ子に混ざってベトナム産のビールを飲めば、楽しい思い出が増えるはず。

黄昏時に湖と旧市街が見渡せるバーで
しっとり過ごす

　ビール片手に、旧市街の向こうに沈んでいく夕日や美しいトワイライトタイムを楽しめるのが、ラシエスタプレミアムハンベーホテル（P.84）の屋上にあるライトハウススカイバー。ホアンキエム湖のそばにあります。バーからは360度の眺望が楽しめ、紅河にかかるニャッタン橋（日本のODAで建設）やロンビエン橋、チュンズオン橋なども眼下に。夕方5時から6時半までハッピーアワーなので、食事前の利用も◎。

夕日が沈む方角にセットされたハイスツールのカウンター席のほか、ゆったりくつろげるソファ席もあります。旧市街の赤い屋根が夕日に照らされていく様子をゆっくり味わって。

Lighthouse sky bar
ライトハウススカイバー

- 10F., 27A Hàng Bè, Hoàn Kiếm, Hà Nội
- 024 3929 0011
- 17:00〜24:00　無休
- skybars.vn/lighthouse-sky-bar/

(MAP) P.12 B-3

路上でわいわい！
ローカルなビアホイを楽しむ

Tạ Hiện
タヒエン通り

ビアホイとは、1杯15,000 VND程度の安い生ビールが飲める路上や屋台のビアホールのこと。街のあちらこちらで飲むことができますが、タヒエン通りはビアホイのメッカであり、週末は観光客や地元の若者でにぎわいます。金曜〜日曜夜、旧市街で開かれるナイトマーケットを見た後にタヒエン通りでビールを飲み、ローカル気分に浸ってみては？
⋯→ P.22 旧市街マップ

魅惑の
ベトナム料理

「ベトナム料理」というと、まっさきに思い浮かぶのは「生春巻き」と「フォー」、そして日本でも人気の「バインミー」でしょうか。しかし、実はベトナム北部では「生春巻き」はあまりポピュラーな食べものではありません。縦に長いベトナムは、大きく北部、中部、南部に分けることができます。そしてそれぞれの地方で独特な料理や味付けがあります。

例えば、日本で有名な生春巻きやクレープのように薄くのばした生地に豚肉、海老、モヤシをはさんで焼いたバインセオは南部の料理です。フォーはベトナム北部発祥ですが、地方によって味付けや食べ方が異なります。北部は一般に塩や魚醤が味のベースになった塩っぽい味の料理が多く、中部は唐辛子などをきかせたピリ辛な味、南部は砂糖を使用した甘辛い味といった具合です。それぞれの地方でおいしい名産があり、ベトナム料理はひと口では語りきれないおもしろさと奥深さがあります。

中国やフランスに影響を受けながら独自に発展してきたベトナム料理は、街中の屋台で食べるストリートフードから、家庭でつくられる料理、レストランで食べる洗練された料理までバリエーションが豊富です。

市場に行くと、ベトナム料理がおいしい理由がわかる気がします。働きもので元気なおばちゃんたちがその場で捌いてくれる魚や肉、朝に採ったばかりの野菜たち……。誰でも新鮮な食材を買うことができる環境が、ここにはあります。素朴でありながらも、豊かな暮らしをするベトナムの台所を探検してみましょう。

Món ăn Việt Nam

1.蓮の実、八角、カルダモン、豆類などスパイスや漢方の食材も豊富。2.ベトナムの名産のひとつシナモン。3.路上の移動式屋台。朝や夜だけのお店も。4.Hành tím（エシャロット）やTỏi（ニンニク）は欠かせない食材。5.熱々のCháo（おかゆ）はQuẩy（揚げパン）と一緒に。6.北部のお菓子Bánh rán（揚げドーナッツ）。7.Bánh Mì（バインミー）はパテやソースが味の決め手！8.Bánh Cuốn（バインクオン）をつくる様子はずっと見ていても飽きません。9.「その食材を買うなら、これもいるでしょ！　持っていきな」と、レモングラスもおまけでつけてくれました。

Phở

フォー

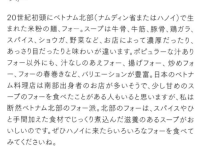

20世紀初頭にベトナム北部（ナムディン省またはハノイ）で生まれた米粉の麺、フォー。スープは牛骨、牛筋、豚骨、鶏ガラ、スパイス、ショウガ、野菜など、お店によって濃厚だったり、あっさり目だったりと味わいが違います。ポピュラーな汁ありフォー以外にも、汁なしのあえフォー、揚げフォー、炒めフォー、フォーの春巻きなど、バリエーションが豊富。日本のベトナム料理店は南部出身者のお店が多いそうで、少し甘めのスープのフォーを食べたことがある人もいると思いますが、私は断然ベトナム北部のフォー派。北部のフォーは、スパイスやひと手間加えた食材でじっくり煮込んだ滋養のあるスープがおいしいのです。ぜひハノイに来たらいろいろなフォーを食べてみてくださいね。

\ フォーを食べるならココ！ /

Phở Bò Tái Lăn

フォー・ボー・タイ・ラン
牛肉のフォー

1979年創業の老舗フォー屋で、お客さんが絶えない人気店。自家製のもちっとした麺に濃厚なスープが絡み、一度食べたらやみつきになる味。たっぷりのネギと細切れの牛肉がほのかに香ばしく食欲をそそります。スープのBéo（油）多めやネギなし、卵やQuẩy（揚げパン）などお好みで注文を。メニューは牛肉のフォー1品のみ。入り口でお金を払って席で待つと運ばれてきます。

Phở Thìn
フォーティン

📍 13 Lò Đúc, Hai Bà Trưng, Hà Nội
🕐 6:00〜21:00　🏠 無休

MAP　P.11 C-4

Phở Gà

フォー・ガー
鶏肉のフォー

小さいお店ながらハノイでは価格が高めのフォー屋として有名になった人気店。見た目は普通の鶏肉フォーですが、鶏肉を食べると納得の味。おいしさの秘密はその日に仕込んだ鶏肉の鮮度でしょうか。スープはあっさり目です。「おいしいかどうかはお客さんが決める。私はただ自分が納得するものをつくるだけ」と女店主。こだわりのフォーガー（70,000 VND〜）をぜひ味わって。

Phở Gà Châm
フォーガーチャム

📍 64-68 Yên Ninh, Ba Đình, Hà Nội
🕐 6:00〜13:00　🏠 無休

MAP　P.12 A-1

Phở Xào Giòn

フォー・サオ・ゾン
揚げ焼きフォー

クアンアンゴンはハノイで有名なベトナム全土の料理が食べられるレストラン。揚げ焼きフォーは巻きフォーで有名なNgũ Xã（グーサー）通りの名物料理のひとつですが、私はここのレストランのカリカリに焼き上がっているのに、なかはフォーのもちっとした食感が残る揚げ焼きフォー（125,000 VND）が好きでよく食べに行きます。たっぷりのカラシ菜と牛肉炒めが揚げフォーによく合います。

Quán Ăn Ngon
クアンアンゴン

📍 18 Phan Bội Châu, Hoàn Kiếm, Hà Nội
🕐 7:00〜22:00　🏠 無休

MAP　P.13 D-1

Bánh Mì

バイン・ミー

フランスのおきみやげともいわれる、バインミー(ベトナムパン)。外はさくさく、なかはふわふわもちもちした独特の食感をもつのが特徴。ベトナムの気候だからこそ出せる食感といわれ、国内外にファンの多い食べもの。一般的に、ポークパテや焼豚、ニンジン、パパイヤ、コリアンダー(パクチー)をはさんだサンドイッチが人気ですが、ローカルでは卵、パテ、ソーセージをはさんだものや、マーガリンや蜂蜜をぬって焼いたものもおやつとして食べられています。また、ベトナムのローカルの焼肉屋では、ごはんのかわりにバインミーをお肉と一緒に食べたりもします。

\ バインミーを食べるならココ! /

Bánh Mì Thập Cẩm

バインミー・タップ・カム
ミックスバインミー

旧市街の有名店で、一日中バインミーを買い求める人でにぎわっています。ベジタリアンメニューの卵、豆腐、チーズを使ったバインミーのほか、牛肉、パテ、卵があつあつのフライパンごと提供されるThịt bò áp chảo(ティッボーアップチャオ)など種類の豊富さはハノイ随一。自家製パンはもちもちとしたボリューム感のある食べごたえで、他店のバインミーとはひと味違います。小さなオープンカフェ風の店内では、ドリンクの注文も可能。フレッシュなスイカジュースやパイナップルのジュースはバインミーとの相性も抜群。

ふわっと
さくさく

Bánh Mì 25
バインミー 25

♥ 25 Hàng Cá, Hoàn Kiếm, Hà Nội
⏰ 7:00〜21:00　🚪 無休

MAP ： P.12 B-2

Bánh Mì Sốt Vang

バインミー・ソットヴァン
牛すじ煮込みシチューバインミー

スパイスと一緒にじっくり煮込まれた牛すじのうまみがとけ込んだシチューは、身体を芯からあたためてくれます。ふわふわのバインミーが何個でも食べられてしまうおいしさです。

Bánh Mì Sốt Vang Đình Ngang
バインミーソットヴァンディンガン

♥ 252 Hàng Bông, Hoàn Kiếm, Hà Nội
⏰ 8:00〜22:00　🚪 無休

MAP ： P.13 C-1

Bún

ブン

ブンは、フォーと同じ米粉からつくられた麺ですが、押し出し型でつくった丸麺のことをいいます。フォーよりも麺自体のクセが少なく、どんな味付けにも合わせやすいので、ハノイではフォーよりもブンのほうを食べることが多いです。ブンを使った代表的な料理を紹介します。

Bún Chả

ブン・チャー
炭火焼き肉のつけ麺

ブンチャーは、炭火で焼いた豚肉やつみれが入った甘じょっぱいつけ汁に、ブンをひたして食べる、つけ麺タイプの麺料理です。日本に帰国した友人から「また食べたい」料理としていちばんにあがる料理がブンチャーというほど、日本人の口に合う絶品ローカル料理です。路上でもくもくと煙をあげている場所があったらそれはブンチャー屋（または、民家で旧暦の大事な日に祖先に向けて冥器を焼いているか……）。お店によってつけ汁の味わいや肉の種類や量、ブンチャーには欠かせない揚げ春巻きの味が微妙に違うので、お気に入りを見つけてください。添えられている生ニンニクを入れるとぐっとおいしいのですが、「あなた今日ブンチャー食べたわね」とわかるほどの口臭になるので、ブンチャーを食べる時は気心の知れた人と行きましょう。

\ ブンチャーを食べるならココ！ /

ローカルから支持のあついブンチャー屋。ハノイのローカル菓子、Bánh Cốm（バインコム）のお店が並ぶ通りのなかほどにあります。ブンチャーにはキンゾーイというハーブをたっぷりのせて食べるのがおススメです。

Tuyết Bún Chả 34
トゥエットブンチャー 34

📍 34 Hàng Than, Ba Đình, Hà Nội　🕐 8:30〜17:00　🏠 無休

(MAP P.12 A-1)

\ ほかにもある！　ブンチャーの名店 /

Bún Chả Đặc Kim
ブンチャーダックキム

ブンチャーの有名店。ボリュームたっぷりの肉がお腹を満たしてくれます。同じ通りの向かいに同じ住所を掲げた別のお店がありますが、3階まであるのが本物のお店です。

📍 1 Hàng Mành, Hoàn Kiếm, Hà Nội
🕐 9:00〜21:00　🏠 無休

(MAP P.13 C-2)

Bún chả Hương Liên（Bún Chả Obama）
ブンチャーフオンリエン（ブンチャーオバマ）

オバマ元大統領が訪れたことでさらに有名になった老舗ブンチャー屋です。オバマ元大統領が食べたメニューがオバマコンボ（ブンチャー、海鮮ネム、ハノイビール）というメニューになっていて明朗会計で頼みやすい。Nem Hải Sản（港町ハイフォン風の四角い海鮮揚げ春巻き）が絶品。

📍 24 Lê Văn Hưu, Hai Bà Trưng, Hà Nội
🕐 8:00〜20:30　🏠 無休

(MAP P.11 C-4)

あっさりして
食べやすい！

Bún Mọc
ブン・モック
肉団子のブン

豚肉とキクラゲ、シイタケが入った肉団子を豚骨や鶏ガラの塩味スープで食べるブン。お店によっては、リブ肉、豚足、タンなどの部位もトッピングします。夏場など食欲がない時に食べると元気になるブン料理です。このお店は1998年に創業以来、客足が途絶えない人気店。2階にも客席があり、フレンチタイルがかわいいので、注目してみてください。

Bún Dọc Mùng Bát Đàn
ブンゾックムンバッダン

📍 18 Bát Đàn, Hoàn Kiếm, Hà Nội
🕐 7:00〜15:00　♠ 無休

MAP｜P.12 B-1

Bún Bò Nam Bộ
ブン・ボー・ナム・ボ
牛肉の甘ダレあえ麺

南部風の甘い味付けの汁に牛肉、たっぷりの野菜、ブンをあえる麺料理。Nam Bộ（南部）と料理名についているので、南部起源の料理かと思いきや、実はハノイが発祥とか。甘いタレがブンと絡んだ上にピーナッツや揚げエシャロットの風味がきいていて想像を超える味わい。このお店は焼豚もおいしいので、「Thêm Xá Xíu（テムサーシウ＝焼豚追加）」の食べ方がおすすめです。

Bún Bò Cô Tuân
ブンボーコートゥアン

📍 49C Trần Quốc Toản, Hoàn Kiếm, Hà Nội
🕐 7:00〜21:30　♠ 無休

MAP｜P.11 C-3

Bún Riêu Cua
ブン・ジエウ・クア
トマトと田ガニのブン

「ベトナム料理でなにが好き？」と私が聞かれた時、上位にあがる料理。田ガニの殻、トマトなどを煮込んで酸味をつけたあっさりスープに、濃厚な蟹肉や蟹みそと揚げ豆腐が入っています。野菜とハーブの付け合わせを好みで入れながら食べます。蟹ブンのお店は朝のみ営業してたり、露店で移動式に販売されていることが多いのですが、このお店は午後まで開いていて、旧市街の中心地にあるので、立ち寄りやすいです。

Bún riêu cua Hàng Bạc
ブンジエウクアハンバック

📍 11 Hàng Bạc, Hoàn Kiếm, Hà Nội
🕐 7:30〜22:30　♠ 無休

MAP｜P.12 B-3

Bún Đậu
ブン・ダウ
揚げ豆腐ブン

揚げた豆腐、ゆで豚肉、コム（もちっとしたさつま揚げのようなつみれ）を小さくカットしたものと、ひとまとめにしてカットしたブンと一緒に食べる料理。マムトム（発酵した海老みそ）と一緒に食べるとおいしいですが、強烈な匂いが苦手な人も多いので、試して苦手だったらヌクマムに変えてもらいましょう。

●旧市街ではNgõ Phát Lộc（ファットロック）通りやNgõ Gạch（ガック）通りにお店が並んでいます。ローカル感満載な雰囲気ですが、お客さんがたくさんいるお店でチャレンジしてみて。お客さんが少ないお店のブンダウは豆腐が油を吸い、タレのマムトムもフレッシュ感がなく、おいしくないです。ローカルなお店が苦手な人はQuán Ăn Ngon（P.38）へ。

41

朝食やおやつで食べたいベトナム料理

ホテルの朝食もいいけれど、「ベトナムの朝」を知りたければ、街をぶらぶらしてみましょう。その時間にしか出会えないストリートフードがたくさんあります。小腹がすいた時は、嗅覚を働かせて、おいしいおやつを楽んで。

Bánh Đúc Nóng
バイン・ドゥック・ノン
餅スープ

ダシのきいたスープにとろとろのやわらかい餅が入ったなんともおいしいローカルごはん。30年以上の老舗は小さな路地にあるにもかかわらず客足が途絶えません。朝やお昼時は混雑しているのに、お店の女性たちはいつも笑顔でやさしいです。お茶椀を自分で片づける常連さんの姿もあるほど、地域に愛されているお店です。

Bánh Đúc Nóng Lê Ngọc Hân
バインドゥックノンレーゴックハン

📍 8 Lê Ngọc Hân, Hai Bà Trưng, Hà Nội
🕐 9:00〜21:00　🚶 無休

MAP　P.11 C-4

Miến Lươn Trộn
ミエン・ルオン・チョン
揚げ田ウナギの春雨麺あえ

ベトナムで一般的によく食される田ウナギ。最初に食べた時は「これはウナギ?」という感想でしたが、慣れると独特の食感がたまらなくおいしい！　カリカリに揚げられた田ウナギとヘルシーな春雨の組み合わせが絶妙で、あっという間に一杯食べ終えてしまいます。このお店の田ウナギのお粥やスープもおすすめ。

Miến lươn Đông Thịnh
ミエンルオンドンティン

📍 87 Hàng Điếu, Hoàn Kiếm, Hà Nội
🕐 6:30〜22:00　🚶 無休

MAP　P.13 C-1

Bánh Cuốn Nhân Thịt
バイン・クオン・ニャン・ティット
豚ひき肉包みバインクオン

バインクオンとは、米粉を蒸してクレープ状に包んだ食べもののこと。具なしのバインクオンをあっさりとしたつけダレにつけておやつ感覚で食べたり、なかに豚ひき肉や刻んだキクラゲを入れて包んだり、食べ方はいろいろ。ぷるぷるとした皮が食べやすく、気がついたら食べ過ぎて思いのほかお腹いっぱいになります。付け合わせのミントやキンゾーイの葉をちぎって、つけダレに入れ、バインクオンと一緒に食べることで香りが足されよりおいしくなります。

Bánh Cuốn Bà Hoành
バインクオンバーホアイン

📍 66 Tô Hiến Thành, Hoàn Kiếm, Hà Nội
🕐 6:30〜13:00、17:00〜21:00　🚶 無休

MAP　P.11 C-4

Xôi
ソイ
おこわ

ハノイの代表的な朝ごはんといえば、ソイ=おこわです。早朝〜9時くらいまで、街のいたるところに移動式の露店が出現し、竹かごのなかで大事にくるまれた包みをあけるとほかほかのソイが。味がしみた煮卵やゾー(ベトナムハム)をのせたり、緑豆をふりかけのようにかけて、揚げエシャロットと一緒に食べたりと、トッピングの種類は豊富。路面店のソイ屋として有名なソイイェンでは、3種類のソイ(Xèo 緑豆, Ngo トウモロコシ, Trắng 白)と具材(蒸し鶏、卵、ゾーなど)を選んで注文します。店先でお姉さんが手際よくつくってくれるので、指差しでオーダーも可能。私のお気に入りはプレーンの白おこわに蒸し鶏のみのシンプルなソイ。蒸し鶏に添えられたライムの葉の香りが食欲を刺激します。

Xôi Yến
ソイイェン

📍 35B Nguyễn Hữu Huân, Hoàn Kiếm, Hà Nội
🕐 6:00〜24:00　🚶 無休

MAP　P.12 B-3

夜までしっかり味わいたい！　夜食あれこれ

観光を楽しんだ後は、ローカルに混ざってビールとおつまみで一杯はいかが？　飲みすぎてしまった時やまだまだ食べたりない時はハノイ流にこれでしめよう！

Ngô Chiên, Rau Muống Xào Tỏi, Đậu Sốt Cà Chua

ゴー・チェン、ザウ・ムオン・サオ・トーイ、
ダウ・ソット・カー・チュア
揚げコーン、空心菜炒め、豆腐のトマト煮込み

まだ明るいうちからタバコをふかしつつビールを飲むおじさんたちがいるビアホイは、ハノイの情緒ある風景のひとつだと思っています。ハノイ定番のビールのおともはゆでピーナッツにネムチュア（熟成豚肉）ですが、おつまみ以外の食事メニューもリーズナブルなうえにおいしい。カリカリで香ばしい揚げコーン、ガーリックがきいた空心菜炒め、ふわふわの揚げ豆腐にとろとろのトマトスープが合う豆腐のトマト煮込みなど。1杯13,000 VNDのビールと一緒に味わえば、ハノイに住みたくなるかもかもしれません。

Quán Bia Hơi Bát Đàn
クアンビアホイバッダン
📍 50 Bát Đàn, Hoàn Kiếm, Hoàn Kiếm, Hà Nội
🕐 10:00〜23:00　🏠 無休
(MAP | P.12 B-1)

Gà Ác Tần Thuốc Bắc

ガー・アック・タン・
トォック・バック
烏骨鶏の薬膳スープ

身体がちょっと弱っているかも……と感じた時、真っ先に食べたくなるのが烏骨鶏の薬膳スープです。見た目は少しグロテスクですが、臆せずに食べてみると身体が芯からあたたまっていく感覚を味わえます。栄養価が高い烏骨鶏と高麗人参や蓮の実などの漢方食材を煮込んだ滋養にあふれたとっておきの一品。ハノイではめずらしい深夜まで営業している「夜の食堂街」にお店があるので、旅の疲れを感じた時、つい飲みすぎてしまった時の夜食にいかが？

Cây Si Quán
カイシークアン
📍 29 Tống Duy Tân, Hoàn Kiếm, Hà Nội
🕐 10:00〜24:00　🏠 無休
(MAP | P.13 C-1)

Cơm Đảo Tôm Rim

コム・ダオ・トム・リム
あんかけ海老チャーハン

お酒を飲んだ後、なぜか食べたくなるのがお腹を満たす少ししょっぱいもの。ハノイではこちらをどうぞ。ぷりぷりの海老にヌクマムとオイスターソース風味のあんかけをかけたチャーハンは、一度食べたら病みつきになるおいしさ。屋台風のこのお店の軒下で、香ばしい匂いをさせながら大きな中華鍋で揚げられているうずらの丸揚げもおすすめです。

Loan Mai
ロアンマイ
📍 2A Tống Duy Tân, Hoàn Kiếm, Hà Nội
🕐 11:00〜翌3:00　🏠 無休
(MAP | P.13 C-1)

蓮の茎と白身魚、バジルのマリネ155,000 VND（手前）、ロータスシードミルクで炊いたキヌア95,000 VND（奥）。

レストラン

Sente - the flavor of lotus -
センテ - フレーバーオブロータス -

蓮をふんだんに使った
美容と健康のための料理

　　路地裏にあるグリーンに囲まれたフレンチビラの一軒家。こちらでは根、茎、葉、実など蓮をあますところなく使った料理を楽しむことができます。美容と健康によいとされる蓮水づくりを手がけていたオーナーが、蓮水をつくるために使う蓮の実以外の残りの部分も有効活用させたいと考え、蓮料理を提供するレストランをオープンさせました。蓮料理といっても、食材は蓮だけというわけではないのでご安心を。蓮の茎や蓮根、葉などをうまくとりいれた創作料理は優美なセンスにあふれています。センテはベトナム語のSen（蓮）とフランス語のSante「健康を祈る」という意味をかけ合わせた言葉。その名の通り、ヘルシーにこだわった料理はどれもやさしい味わいで女性客を中心に人気があります。

1.メニューは写真つきで選びやすいです。蓮からつくったドリンクはほかではなかなか味わえません。2.あたたかな雰囲気の空間は友人とゆっくり食事をするのに最適。3.路地のなかに現れる素敵なヴィラ。隣家の中庭に面していて開放感があります。

📍 20 P. Nguyễn Quang Bích, Hoàn Kiếm, Hà Nội
📞 091 104 8920　🕐10:00〜14:00、17:30〜22:00　🏠無休
🖥 sentehanoi.business.site

MAP　P.13 C-1

ザボンと海老のサラダ255,000 VND（左奥）、スズキのバナナの葉包み焼き290,000 VND（手前）、鶏肉のレモングラス焼き205,000 VND（右奥）。

🍴 レストラン

The East
- the taste of indochine -

イースト - テイストオブインドシン -

おもてなしの心が空間と料理に
アットホームなレストラン

「夜の食堂街」と呼ばれ、ストリートフードを楽しむ人たちでにぎわう通りに佇む一軒家のベトナム料理レストラン。外の喧噪を抜け、なかに入ると竹や木材を用いたインテリアのあたたかな空間にまずほっとします。

オーセンティックベトナム料理をうたい、新鮮な食材をふんだんに使った料理はどれも絶品ですが、ハロン湾のホテルで腕をふるったシェフのホイさんが得意とするのは魚料理。とくにシェフが調合したスパイスとハーブで味付けし、バナナの葉に包んで焼き上げた「Cá nướng lá chuối（スズキのバナナの葉包み焼き）」はぜひトライしてみて。そのまま食べてもおいしいですが、ライスペーパーに青バナナ、パイナップルなどと一緒に包んで食べるのがホイさんおすすめの食べ方です。

1.フレッシュでビタミンもたっぷりなサラダ。食材はローカルマーケットから毎朝届く新鮮なものだけを使用。2.ショウガ汁に黒ゴマ団子が入った、あたたかいハノイ風お汁粉。3.席数は少なく、アットホームな雰囲気。

📍 5B Tống Duy Tân, Hoàn Kiếm, Hà Nội
📞 096 373 3797　🕙 10:00〜22:00　🔒 無休
💻 theeast.vn

MAP : P.13 C-1

45

シンプルでありながら、ごはんがすすむ絶品のおかず料理。メニューは時期によって変更になることがあります。丸盆右上のRau Muống Xào Tỏi(空芯菜のニンニク炒め)70,000 VNDや、いちばん右のBông Bí Xào Tỏi(カボチャの花のニンニク炒め)95,000 VNDは定番メニュー。

🍴 レストラン

Ngon Garden
ゴンガーデン

定番からマニアックな料理まで
はずれがないおいしさ

　ハノイ在住日本人ならきっと一度は友人を案内したことがある、人気のベトナム料理レストラン「Quán Ăn Ngon」(P.38)が2018年にオープンした「ガーデン」をコンセプトにしたレストラン。伝統的なスタイルのQuán Ăn Ngonとは異なり、本物のグリーンを多用し、インテリアもモダンでおしゃれな雰囲気。ベトナム全土の定番ベトナム料理から一般的な家庭料理まで幅広くそろいます。なにを食べてもおいしいですが、とくに「Cơm Mẹ Nấu (母のつくるごはん)」と題された素朴なおかずメニューがおすすめです。Cà Pháo Muối (小茄子の塩漬け) は、よくベトナムの家庭でごはんの時にそっとある日本の漬物のような料理。クセになるおいしさなので、ぜひごはんやスープとあわせて食べてみてください。またベトナム南部から直送したカボチャの花やニンニクの花など、ハノイではめずらしいメニューもあります。

1.2.ガーデンをテーマにした広々とした店内。3.米粉やタピオカ粉からできたプルプルの餅のようなものに、海老粉や豚肉などを入れて蒸したり、煮たりしたベトナム中部フエの伝統料理のセットBánh Huế Đặc Biệt、145,000 VND。

📍 70 Nguyễn Du, Hai Bà Trưng, Hà Nội
📞 090 222 6224
🕐 7:00〜22:30
🏠 無休
🖥 ngongarden.com
MAP　P.11 C-3

46

🍴 レストラン

Luk Lak
ルックラック

ホテルで腕を磨いた名シェフの
創作ベトナム料理に舌鼓

1.1階はカフェとして営業。オペラハウス周辺散策の休憩にもおすすめです。2.ノン笠をインテリアに用いた吹き抜けのエントランスホール。

　ハノイを代表するホテルのひとつ、ソフィテルレジェンドメトロポールハノイ（P.82）のメインキッチンで25年間腕をふるったシェフ、ビンさんによるオリジナルレシピのベトナム料理がふんだんに楽しめます。ビンさんがこだわりをもって厳選した食材が使われた料理はどれもおいしい！　南部の甘味のあるタマリンドと北部の酸味のきいたタマリンドを使い分けてソースをつくるなど、食材を知り尽くしたシェフならではの料理は唯一無二。ハノイ出身のビンさんのつくる料理は、北部風の塩気と酸味がきいたコクのある味付けが特徴的で、ハノイ料理が好きな私のお気に入りです。オペラハウスも近いので、公演前の食事にも最適です。

3.カリッと揚げられたカニとたっぷりの野菜をライスペーパーで巻き、酸味のきいたタマリンドソースで。ひと皿395,000 VND。青米とココナッツのジュースも◎。4.蓮の葉の包みを広げると栄養が豊富なハトのおこわか。

📍 4A Lê Thánh Tông,
　 Hoàn Kiếm, Hà Nội
📞 094 314 3686
🕐 7:00〜22:00　🏠 無休
💻 luklak.vn

MAP : P.13 D-3

ベトナムの
食文化を
楽しんで

47

アボカドとマンゴー、青パパイヤの春巻き245,000 VNDは、スイートチリソース、マンゴーソースの2種のソースで味わって。

 レストラン

Ưu Đàm Chay
ウーダムチャイ

1.時を重ねた美しさが感じられる象徴的な螺旋階段。2.3000年に一度咲くといわれるƯu Đàm（優曇華うどんげ）とChay（菜食）が店名に。3.階段を上って入った店内で客を迎え入れる仏像。

彩りあふれるメニューの数々——
至高の菜食料理を味わう

　もともと仏教の教えによる習慣で菜食の文化が根付いているベトナムですが、近年の社会事情により健康志向が高まったことで菜食が再注目されています。菜食レストランが続々とオープンしているなかでも、洗練された菜食料理を楽しめるレストランの草分け的存在なのがウーダムチャイ。いつも満席で予約が必須です。野菜や果物、穀物などを彩りよく用いた料理は一品一品が美しく、味わいながら、その食材や調理方法を想像するのも楽しみのひとつ。アールデコ調の古い邸宅の名残を感じる螺旋階段や、すんと落ち着いた気持ちにさせる異世界感にあふれたエントランスホールなど、店内の空間も味わい深いです。

📍 55 Nguyễn Du, Hoàn Kiếm, Hà Nội
📞 098 134 9898　🕐 10:30～21:30
🏠 無休
🔗 www.facebook.com/Uudamchay/
MAP P.11 C-4

マカダミアナッツの香ばしさとパイナップルの甘い香りが絶妙な組み合わせ。

🍴 レストラン

La Badiane
ラバデイアン

おもてなしの心を感じる極上フレンチ

パリを連想させる白亜の店構えとグリーンのアーチが美しいエントランスを抜けると、いつも笑顔のマネージャー、ヴィンセントさんが迎えてくれます。店名の「La Badiane」はフランス語でスパイスのスターアニスという意味。オーナーシェフのベンジェミン・ラスカローさんは、パリの有名フレンチレストランで経験を積んだ後、旅の途中で出会ったアジアのスパイスに魅了され、そのインスピレーションをフランス料理と融合させました。ベトナムならではのハーブやスパイスを独自のスタイルでフレンチに溶け込ませた斬新で繊細な味わいは、在住日本人や外国人にとても人気があるほか、「New York Times」などの各誌からも称賛を受けています。オープンから10年以上たった今もなお愛され続けるのは、マネージャーのヴィンセントさんをはじめ、スタッフのあたたかいサービスやシェフの料理への情熱によって常にお店が進化し続けているからです。

1.上品で豪華なエントランス。2.壁いっぱいに、ベトナムの人々を被写体にしたモノクロ写真をディスプレイ。

ランチのコースメニューは、前菜、メイン、デザートの3品で625,000 VND、2品で495,000 VNDの2コース。アミューズブーシュ、前菜、メイン、デザート、ハウスワインの週替わりメニューは795,000VND。

📍 10 Nam Ngư, Hoàn Kiếm, Hà Nội
📞 024 3942 4509
🕐 11:30〜13:30、18:00〜21:30
🏠 無休
🖥 www.facebook.com/labadiane
MAP P.13 D-1

49

店員さんが目の前で揚げ焼きにしてくれ、食欲をそそるよい香りがテーブルいっぱいに広がります。チャーカーは一人前140,000 VND、二人前280,000 VND。

（）？ レストラン

Chả Cá Thăng Long
チャーカータンロン

ハノイ名物のチャーカーは
専門店で堪能しよう！

ターメリックなどに漬け、くさみを抜いたCá lăng（カー・ラン）と呼ばれる白身魚をたっぷりのネギとディルと一緒に揚げ焼きにしていただくChả cá（チャーカー）は、ハノイ名物のひとつ。老若男女問わず、人気があるメニューです。チャーカーの専門店は市内にいくつか有名どころがありますが、魚が新鮮で肉厚なこのお店がおすすめです。食べ方はお椀にとったブンの上にあつあつのチャーカーをのせ、マムトム（発酵海老タレ）をあえ、お好みでネギ、コリアンダーなどのハーブ、ピーナッツをトッピングします。マムトムが苦手な場合は、ヌクマム（魚醤）であえてもおいしい。チャーカーは席につくと人数分のセットが運ばれてきますが、おすすめはCá lòng（カー・ロンという魚の胃）を追加で注文すること。ぷりぷりとした食感がマムトムに合い、ビールのおつまみにも最高です。

1.つけダレはぜひマムトムにチャレンジしてみて。塩辛に似たクセのある味がチャーカーにぴったり。2.3階建ての店内は、とくにお昼時は満席。回転がはやいので予約なしでも大丈夫。3.「6b」と番地が書かれた門を通って奥へ進むとお店が。店員さんの案内を聞いて席につきましょう。

📍 6B Đường Thành, Hoàn Kiếm, Hà Nội
📞 024 3828 6007
🕐 10:30〜21:00
🏠 無休
🖥 www.chacathanglong.vn
MAP P.12 B-1

1. 鍋ができたらバナナの葉やサラダ菜などの野菜をさっとスープにくぐらせ熱を通し、具材をブンと一緒にとっていただきます。田ガニ鍋、350,000 VND。2. 路地をまっすぐ突き進んで左手にある黄色の建物。3. 器や皿は古いバッチャン焼き。

🍴 レストラン

1946
モッチンボンサウ

15年以上愛され続ける
ローカルにも人気のレストラン

　レストランの閉店＆開業のサイクルが早いベトナムで、15年間営業を続けるこのお店はもはや老舗の域。ベトナム人にとって親しみのある昔ながらの料理は安定したおいしさで、長年人気があることも頷けます。鍋メニューがおすすめで、とくにトマトと発酵酒で酸味をきかせたスープに揚げ豆腐と田ガニを入れ、牛肉をしゃぶしゃぶしていただく田ガニ鍋が有名です。ほかに独特の風味がある発酵みそダレでいただく牛タンの竹筒焼きも◎。

📍 61 Cửa Bắc, Ba Đình, Hà Nội
📞 090 145 1946　🕐 11:00〜14:30、18:00〜22:30
🏠 無休　🖥 1946.vn

MAP｜P.12 A-1

🍴 レストラン

Lẩu Dê Nhất Ly
ラウゼーニャットリー

栄養満点のヤギ肉で
旅の活力を養って

　入り口に掲げられたヤギの剥製にひるみそうになりますが、気にせずなかへ！　モッハイバーヨー（乾杯！）と掛け声が響く店内は活気にあふれていて、ベトナムらしさを味わうにもうってつけです。滋養強壮によいとされるヤギ肉の焼肉（ひと皿145,000 VND〜）を楽しんだら、ぜひシメに鍋のオーダーを。すじ肉でとったダシと蓮根やクコの味などの薬膳がきいたスープは奥深く、全身に血がめぐってほぐれる感覚が病みつきに。お店は線路の脇にあり、列車ビューの席もあります。

📍 15 Hàng Cót, Hoàn Kiếm, Hà Nội
📞 024 3927 1434　🕐 10:00〜23:00　🏠 無休
🖥 nhatly.com.vn

MAP｜P.12 A-1

1. ヤギの味付き肉やコリコリとした食感のおっぱいの焼肉。2. 肉を野菜と一緒にライスペーパーで巻いて食べます。つけダレはレモングラスとチリをあえた腐乳がおすすめ。3. 乾杯の掛け声が響くフロア。

ハーブ & 食材図鑑
Thực phẩm

これって草？　いいえ、ハーブです。ローカルの屋台やレストランでも料理の付け合わせで出されることの多いハーブ。その名前や効用を知ると料理がより一層味わい深くなります。ハーブを食べると身体から分泌されるにおいが変わり、蚊にさされにくくなるなんて話も聞きます。
よく食べられているハーブ、そしてハノイに来たらぜひ食べてほしい果物や花の食材をご紹介します。

CÁC LOẠI RAU THƠM　－ ハーブ －

Rau Ngổ
[リモノフィラ]

独特の辛みと、舌に残る渋みが特徴のハーブ。ブンカーや魚の鍋などに入れることも。利尿作用や止血に効果があるとされますが、生では食べずに熱して食べたほうがよいです。

Bạc Hà
[ミント]

サラダやブンチャー、揚げ春巻きなどと一緒によく食べます。胃のむかつきを抑える効果があるといわれ、肉料理や揚げものなど重めの料理の際に一緒に食べると◎。

Rau Mùi
[コリアンダー]

種から葉までベトナム料理の香りづけに欠かせないハーブ。栄養価が高く、健康によいといわれています。加熱せず、生で食べたほうがより栄養を摂取できます。

Húng Quế
[オリエンタルバジル]

さわやかでほのかな香りのあるバジル。西洋のバジルよりも香りは控えめ。サラダや田ウナギ、アヒル肉などと相性抜群です。

Kinh Giới
[ナギナタコウジュ]

シソ科のハーブ。ブンダウ（揚げ豆腐）など少しクセのある料理と一緒に食べるとおいしいです。

Tía Tô
[シソ]

シソには胃のはたらきを助け食欲を促すだけでなく、抗菌作用もあり、食中毒も予防するといわれています。魚、たにしなどと一緒に食べます。

ハーブを食べる時のコツ　ローカルの麺料理店などで付け合わせでよく出てくるハーブ。葉の部分をちぎって、なるべく細かく切ってから入れると、より香りが増しておいしくなります。また、大き目の葉に具材を巻いて食べたり、お好みで自由に。

HOA　－おいしい花々－

Hoa Bí
[カボチャの花]

やわらかいのにシャキシャキとした食感とほのかな香りがおいしいカボチャの花。ニンニク炒めにしたり、鍋やスープに入れたり。

Sen
[蓮の花]

5月下旬～7月上旬頃に咲く蓮の花からお茶をつくります。100gの蓮茶をつくるためには、150本もの蓮が必要といわれる高級茶。通常はめしべと茶葉を合わせて香りをつけますが、蓮の花びらをお茶にしているお店も。蓮の実は甘く煮て、チェーや甘納豆のような砂糖漬けにして楽しみます。

Hoa Chuối
[バナナの花]

細かく千切りにして、ライム水につけておくと渋みがとれます。サラダや麺料理の付け合わせ、鍋などに入れて食べると◎。白い部分は芯に近い部分。よりやわらかく、クセがなくて食べやすいです。

TRÁI CÂY　－旬の果物－

Măng Cụt
[マンゴスチン]

時期：4月～6月頃（気候による）

一部食べたら「フルーツの女王」と呼ばれる所以に納得。とろっとした甘さがやみつきになります。街で見かけたらぜひ買って食べてみましょう。約50,000 VND/kg～。中身が見えないので、選ぶ時は慎重に。まるっとして固く、へたはなるべく青くて新鮮そうなものが◎。

Quả Vải
[ライチ]

時期：6月～8月頃（気候による）

ハノイの夏の醍醐味といえば、ライチといっても過言ではないほどおいしい！ぷるっとみずみずしくて甘い生ライチはこの時期にハノイにいたら絶対に食べてほしい果物です。約40,000 VND / kg～。ただし、ライチは身体をあたためる果物といわれ、食べすぎると風邪をひいた時の症状のようになってしまうのでほどほどに。

果物を買う時のコツ

果物は基本的にkg単位の秤売り。kgはベトナム語でCân（カン）。指で1と示したらひとつという意味ではなく、1kgと理解されます。旧市街のフルーツ売りの女性たちは押しが強めですが、負けずにおいしそうな果物を自分で袋に詰めてはかってもらいましょう。

東向きに建つ大教会は朝に訪れるのがおすすめ。1日をここからはじめてみては？

クラッシュ
ミントが
さわやか

フローズン
レモンミント。

🍵 カフェ

La Place
ラプレイス

フレンチコロニアルハウスの
テラス席から教会をのんびりながめる

　大教会横にある、フレンチコロニアルのレトロでかわいらしいカフェ。2階テラス席からの教会ビューが最高です。アンティークのフレンチタイルやグリーンの扉、黄色の壁、ピンクのストライプソファ、壁にかかった昔のハノイの写真やアート……。開放的な窓から入る光と風が抜ける居心地のよいカフェは、一度休憩で入ったらなかなか外に出られないかも。テラス席から教会でのミサに集まる人、夕方は近隣の小学生が迎えを待ちながら遊ぶ様子、シクロが行き交う様子を見下ろしながら、のんびりハノイの人々をながめるのも楽しいです。フードメニューやスイーツもあるので、ランチに利用するのもおすすめです。

1.座り心地のよい魅惑のピンクソファ。2.買いものの休憩に立ち寄りやすい場所にあります。3.ベトナミーズ以外のメニューも豊富。

📍 6 Ấu Triệu, Hoàn Kiếm , Hà Nội
📞 024 3928 5859　🕐 7:30〜22:30
🏠 無休　🌐 www.facebook.com/laplacehanoi

MAP ｜ P.13 C-2

◯ カフェ

Hanoi House
ハノイハウス

古い建物やインテリアが好きな人に
おすすめの一軒

　100年以上も前にフランス人の邸宅だった一軒家の一室を改装したカフェ＆バー。お店の隣の部屋は一般の住居なので、中庭や廊下に洗濯物が干されているような空間を通りぬけて店内へ。お店のテラス席からは、目の前に大教会を望めます。午前9時から夕方6時まではコーヒーなどのカフェメニューを楽しんで、夜はケムチャンティエン（P.59）のアイスや生姜味の餅菓子チェーラムなどをイメージしたユニークなカクテルを味わえます。

- 📍 47A Lý Quốc Sư ,Hoàn Kiếm, Hà Nội
- 📞 086 555 1847　◷ 9:00～24:30
- 🏠 無休　⊡ www.facebook.com/thehanoihouse

MAP ┆ P.13 C-2

1.建物2階の1室がお店。2.Hanoian Childwood、60,000 VND。クラッシュミルクにキャラメルとアーモンドをトッピングした、どこか懐かしい味わい。3.レトロなフレンチタイルがお気に入りの店内。

◯ カフェ

Tranquil Books & Coffee
トランクイルブック＆コーヒー

静かなブックカフェで楽しむ
こだわりのベトナムコーヒー

　「Tranquil（静かな）」という店名の通り、静かに本を読んだり、パソコンで仕事をしたり、思い思いの時間を過ごす人が集まるブックカフェ。道をはさんでふたつ店舗があり、小さいほうのお店にはコーヒーカウンターが。ベトナム産のこだわりコーヒーを、ハノイではめずらしいサイフォン式やハンドドリップ式など、淹れ方を選んで注文するスタイルで楽しめます。その日のスケジュールを整理しながら、1日をこのカフェからはじめてみるのもいいかも。

- 📍 5 Nguyễn Quang Bích, Hoàn Kiếm, Hà Nội
- 📞 039 504 9075　◷ 8:00～22:00
- 🏠 無休　⊡ cafetranquil.tumblr.com

MAP ┆ P.13 C-1

1.自由に読むことができる本がたくさん。2.カウンターやテラス席など好みの場所へ。3.チェダーチーズとベーコン、オリーブの組み合わせがおいしいフレッシュなサンドイッチ、90,000 VND。こだわりの豆を使ったカフェラテ、60,000 VND。

The Little Plan Cafe
(Kế Hoạch Nhỏ Café)
リトルプランカフェ

ノスタルジーにひたれるカフェ

　ベトナム語のKế Hoạch（計画）Nhỏ（小さな）という店名の通り、若いオーナーが自分の世界を具現化したようなかわいらしいカフェ。路地に入り、カフェの看板があるドアをくぐると、スタッフがドリンクを用意するキッチンが1階に。キッチンの横を抜けて2階に上がると、そこには古きよきハノイを彷彿とさせるノスタルジック空間が広がります。ロフトやテラス席では、若い女性たちが思い思いのポーズで写真を撮る姿も。

📍 11 Phủ Doãn, Hoàn Kiếm, Hà Nội
📞 098 726 7670 　🕐 9:00〜22:00
🏠 無休　🖥 www.facebook.com/thelittleplan.cafe
(MAP | P.13 C-2)

1.壁に貼ってある写真や床においている小物までじっくり見てしまう。2.おやつに食べたいバナナチョコケーキアイス添え、58,000 VND。3.2階からは通りを望めます。

1.構造が気になる建物。2.疲れた身体に染みわたる甘いベトナムコーヒーCà phê sữa đá、35,000 VND。3.旧市街の家は、ウナギの寝床のように奥に長いのが特徴。

Café Phố Cổ
カフェフォーコー

不思議な古民家の屋上にある
旧市街の人気カフェ

　おしゃれなショップやギャラリーが並ぶHàng Gai通り、11番地に奥へと通じる細い路地。おみやげ屋の前を通り過ぎ、奥まで進むと、昔のハノイにタイムスリップしたかのような民家が現れます。1階のカウンターで注文をした後は、ひたすら階段を上って屋上へ。気候がいいシーズンは、風が通る心地よい空間。定番の練乳入りのベトナムコーヒー以外にも、エッグコーヒー（P.62）やヨーグルトコーヒー（P.63）、ライムジュースなどもありますよ。

📍 11 Hàng Gai, Hoàn Kiếm, Hà Nội
📞 024 3928 8153 　🕐 8:00〜23:00　🏠 無休
(MAP | P.13 C-2)

The Hanoi Social Club
ハノイソーシャルクラブ

レトロな隠れ家的カフェ
フードメニューもおすすめ

　10年以上にわたり、ローカルや在住外国人に愛されるカフェ。ハノイにまだおしゃれなカフェが少なかった頃から、休日にくつろげるカフェとして重宝してきました。毎週火曜日に屋上のオープンエアのスペースで開催される音楽イベントも、ローカルのコミュニティに定着しています。フードメニューも充実していてシグニチャーのハンバーガーもおいしいですが、私のおすすめはバインミー。表面はカリカリ、中身はジューシーに仕上げた焼豚が何枚もサンドされていて、食べた時の満足感が高いです。新鮮なサラダもたっぷりついていて、ヘルシーなのも◎。もちろんドリンクやスイーツもおいしいですよ。

1.散策の休憩や少し時間がある時、のんびり過ごすのに最適な空間。2.2階のテラス席から通りを行き交う人をながめるのもおもしろいです。

古民家を改装したお店。通りにはいくつかの古い建物があるので散策してみて。

全粒粉を使った食べごたえのあるバインミー、80,000 VND。バッチャン焼きのティーセットでサーブされる生姜とレモングラスのお茶はほっとする味わい。

📍 6 Hội Vũ, Hoàn Kiếm, Hà Nội
📞 024 3938 2117
🕐 9:00〜23:00(火曜24:00)
🏠 無休
🖥 www.facebook.com/
　 TheHanoiSocialClub

MAP ┆ P.13 C-1

Maison Marou Hanoi
メゾンマルゥハノイ

"BEAN-TO-BAR"
ベトナム産チョコレートのチョコラティエ

ヴィンセント・モルーさんと日系フランス人のサミュエル・マルタさんがベトナムで出会い、ベトナム産のカカオからシングルオリジンのチョコレートをつくったのが「Marou」のはじまり。おしゃれなパッケージのチョコレートバーが発売された時は衝撃でした。ベトナムでカカオが採れることはもちろん、正直ベトナムでおいしいチョコレートに出

会ったことがなかったからです。カカオ農園でていねいに選別されたカカオ豆を併設の工房で焙煎し、製造したチョコレートの味は格別。産地ごとに微妙な味の違いがあるので、食べくらべてお気に入りを見つけるのも楽しい。カカオ豆の焙煎機やチョコレート菓子づくりの様子も見学できます。

📍 91A Thợ Nhuộm, Hoàn Kiếm, Hà Nội
📞 024 3717 3969 　🕐 9:00〜22:00(金土曜22:30)
🏠 無休 　✉ maisonmarou.com

MAP ┊ P.13 D-2

1.スクエア型のチョコレートが産地別にパッケージされたミニボックス、135,000 VND。2.ホットチョコレートに卵のクリームが入った、甘いデザートドリンクMarou Egg Cream、100,000 VND(奥)。ナッツと生クリームが入ったマグカップ形のチョコレートケーキMarou Mug Mousse、150,000 VND(手前)。3.カラフルな外観が遠くからでも目立つ。4. ガラス張りのチョコレート工房を見学しながらカフェも楽しめます。

季節の限定
チョコレートも
あるよ

アイスクリーム

Kem Trang Tien

ケムチャンティエン

時代を超えて愛される
定番のアイスクリーム

　1958年創業のハノイでいちばん有名なアイス店。ホアンキエム湖周辺に来たらだれでも必ず立ち寄ることが決まっているかのように、週末ともなると人々がどんどんお店に吸い込まれていきます。寒い冬でも身体を縮こませながら子どもも大人もアイスをほおばる様子は微笑ましく、つられてこちらも食べたくなります。タロイモ (Khoai Môn) 味や青米のコム (Cốm) 味、ドリアン (Sầu Riêng) 味などベトナムならではの味に挑戦してみては？

📍 35 Tràng Tiền, Hoàn Kiếm, Hà Nội
📞 098 625 7979　🕐 8:00〜22:30　🏠 無休
💻 kemtrangtien.vn

MAP : P.13 D-3

1.甘いタロイモアイス（左）と、日本の小豆に似た味の緑豆アイス（右）各12,000 VND。2.行列に並ぶと割とすぐに購入できます。アイスの種類によって列がわかれているのでご注意を。3.オペラハウスからホアンキエム湖を結ぶ目抜き通り沿い。

スイーツ

Minci

ミンシー

一度食べたら忘れられない
絶品のベトナムプリン！

　ベトナムに来たらぜひ食べてほしいもの、それはプリンです。コンデンスミルク仕立ての甘さとなめらかさのバランスが絶妙で、やみつきになるはず！　お持ち帰りする人も多く、ドライブスルー感覚でバイクが店先に停まっては次々に売れていきます。プリンにフルーツやヨーグルト、黒もち米などをミックスしたメニューなど、プリンをベースにしたデザートも豊富。オリジナルレシピでつくられた甘さ控えめのマンゴープリンもぜひ。

📍 5 Nguyễn Trường Tộ, Ba Đình, Hà Nội
📞 024 3927 3003　🕐 10:00〜23:00　🏠 無休

MAP : P.12 A-1

1.ココナッツ丸ごとゼリーもおすすめ。2.プリン×タピオカ、ヨーグルト、黒もち米、ゼリーなどさまざまな組み合わせを選べる。お好みで氷を混ぜて。3.周辺には複数のスイーツのお店が立ち並ぶ。

ベトナムスイーツの世界

チェーってなに？

　チェーは、中華の「糖水」の影響を受けて発展した伝統的なベトナムスイーツです。豆、果物、餅、イモ類などを甘いスープと一緒に混ぜて食べます。チェーには、冷たいものとあたたかいものがあり、夏の暑い日には砕いた氷とフルーツをざくざくと混ぜながら涼をとり、冬になるとあたたかいチェーが出まわります。ベトナムでは、なぜか夕方にチェー屋が混みます。昔のチェー屋は朝4時から仕込みをした、なんて聞いたことがありますが、今は開店時間に行くとチェーがまだできていないことも多いので、お昼を過ぎた頃から行くのがベターです。

　ベトナムに暮らしはじめてすぐの頃、午後3〜4時になるとチェーや果物が職場で配られ、みんなで談笑しながらおやつを食べるという習慣にカルチャーショックを受けました。ストレスをためないように適度に息抜きしながら働く姿に関心をしていたことを思い出します。

　今でもチェーを食べるとその時のことを思い出して、ふわっと軽い気持ちになると同時にベトナムの人々の豊かさに触れた気分になります。

右上から時計まわりにChè Bưởi（ザボンのチェー）、Chè Sương Sa Hạt Lựu Hoa Quả（フルーツゼリーチェー）、Tào Phớ Sữa Đậu Nành（豆乳のタオフォー）。タオフォーとは豆乳ゼリーのようなスイーツ。

トッピングの
組み合わせは自由だよ！

冬は、ショウガがきいたあたたかい汁の
チェーが定番。ふたつの白玉団子餅のなか
には、黒ゴマ餡と緑豆餡が入っています。
Bánh Trôi Nóng、25,000 VND。

Chè 4 Mùa
チェーボンムア

- 📍 4 Hàng Cân, Hoàn Kiếm, Hà Nội
- 📞 098 458 3333　⏰ 10:00〜22:00
- 🏠 無休
- MAP | P.12 B-2

Bánh Trôi Nóng

Chè Xoài

Chè Khúc Bạch

昔からハノイの人々に愛されているクラシックなチェー。左は蓮の実
とココナッツと仙草ゼリー入りの甘すぎずシンプルな味わいのĐỗ Sen
Dừa、20,000 VND。右は緑豆餡と蓮の実、仙草ゼリーが入った身
体によさそうなĐỗ Xanh Sen、20,000 VND。

Chè Mười Sáu
チェームオイサウ

- 📍 16 Ngô Thì Nhậm, Hai Bà Trưng, Hà Nội
- 📞 024 3822 7229　⏰ 7:00〜18:00
- 🏠 無休
- MAP | P.11 C-4

スイーツチェーは、子どもや若い女性に人気。
マンゴー、マンゴーアイス、パンダンリーフで
色付けしたココナッツゼリーやタピオカが
入ったChè Xoài、35,000 VND。牛乳のま
ろやかな寒天と竜眼、アーモンドが入った
Chè Khúc Bạch、35,000 VND。

Chè Vân Nhi
チェーヴァンニー

- 📍 42E Lý Thường Kiệt, Hoàn Kiếm,
  Hà Nội
- 📞 024 2266 8068　⏰ 8:00〜22:30
- 🏠 無休
- MAP | P.13 D-2

コーヒー大国、ベトナム発祥！

ベトナムコーヒー×○○○

　ハノイの街を歩いていると、カフェでコーヒーを飲んでいる人を朝から晩まで、あらゆる場所で見かけます。実は、ベトナムはブラジルに次ぐ世界第2位の生産量を誇る、コーヒー大国。主にベトナムで飲まれているのは、ロブスタという品種です。世界で飲まれているスタンダードなアラビカにくらべ、ロブスタはコーヒー自体の香りが弱いため、チョコレートやバターなどで香りを濃くすることが多いのが特徴。ベトナムコーヒーは練乳と混ぜて甘くして飲みますが、練乳と濃厚なベトナムコーヒーの相性にハマり、病みつきになる人も少なくありません。そんなベトナムコーヒーですが、ヨーグルトや卵と一緒に飲む、まるでデザートのようなコーヒーをご紹介します。

Cà Phê Trứng

[エッグコーヒー]

エッグコーヒーとは、ベトナムコーヒーの上にクリーミーな卵が注がれた甘いデザートのようなコーヒーです。1940年代頃、牛乳が手に入りにくい時代に、卵を泡立ててフォームドミルクに見立てたのがはじまり。とっても甘いので、個人的にはアイスを溶かしながら少し薄めて飲むアイスエッグコーヒーがおすすめです。エッグコーヒー発祥のカフェは地元の人からも愛され続け、連日満席。レトロな喫茶でエッグコーヒーを味わってみて。

底に沈んだ苦みのあるコーヒーをスプーンですくうようにしながら混ぜていただきます。Cà Phê Trứng（エッグコーヒー）、35,000 VND。

Café Giang
ザンカフェ

📍 39 Nguyễn Hữu Huân, Hoàn Kiếm, Hà Nội
🕐 7:00〜22:00　無休
MAP P.12 B-3

62

Sữa Chua Cà Phê
[ヨーグルトコーヒー]

ベトナム全土で飲まれているヨーグ
ルトコーヒーですが、実はハノイ発
祥のドリンクです。濃厚なベトナム
コーヒーと甘いヨーグルトは好相
性！「本当においしいの？」と疑い
たくなる組み合わせですが、ぜひ試
してみてください。「こんな飲みもの
飲んだことない！」という驚きと新し
い発見が待っています。ヨーグルト
をアイスにして、コーヒーをシロップ
のようにかけたSữa chua dẻo（ヨー
グルトアイスコーヒー）もハノイっ子
たちに人気です。

ヨーグルトとコーヒーをよく混ぜてから飲みましょう。暑い日もさっぱりといただ
けます。

さっぱりとしたヨーグルトアイスとほろ苦いコー
ヒーがマッチ。Sữa Chua Dẻo（ヨーグルトアイ
スコーヒー）、25,000 VND。

Sữa chua dẻo
スアチュアゼオ

📍 39 Đường Thành, Hoàn Kiếm, Hà Nội
🕐 8:00〜23:00　🏠 無休

[MAP : P.13 C-1]

Cafe Nuôi
カフェヌオイ

📍 34 Lương Văn Can,
　 Hoàn Kiếm, Hà Nội
📞 024 3828 6169
🕐 7:00〜22:00　🏠 無休

[MAP : P.12 B-2]

ショッピング

　“ベトナム雑貨”といえば、カラフルでキッチュ、安くてかわいいというイメージを持っている人も多いはず。でも、それはベトナム雑貨のほんの一面でしかありません。ベトナムには、旧市街や市場で買えるバラまきみやげや日用品以外にも、ていねいにつくられたおしゃれなライフスタイル雑貨もたくさんあります。手仕事による繊細な刺繍製品、工芸村で職人によってつくられた陶器や漆製品、おしゃれなかごバッグ、さらにベトナムならではのハーブやスパイスを取り入れたアロマコスメなど多岐にわたります。

　ハノイで買いものするなら、洗練された雑貨を扱うショップが並ぶハノイ大教会周辺、刺繍やシルク製品のショップが何軒も軒を連ねているHàng Gai（ハンガイ）通りが人気があります。これらの通りから一歩入った路地や集合住宅の建物の一室にも小さなかわいいお店が増えているので、「おや?」と思う小さな看板を見つけたら冒険気分で入ってみて。旧市街の奥まった場所におしゃれなお店があったりして、穴場を探すのも楽しいもの。

　ショッピングの時に注意したいのはお金の計算です。ベトナムドンはとにかく桁が多く、高いのか安いのか、慣れない人は瞬時に考えるのがむずかしい。またお札はすべてホーチミン元国家主席の顔が印刷されているうえに20,000 VND札と500,000 VND札が同じ青色系だからややこしい。値札がないお店では、値段を聞く時に英語で数字をいわれると混乱するので、なるべく紙に書いてもらったり、電卓を見ながら交渉するようにすると間違えにくいです。

　これらを踏まえて、雑貨に宿る「ベトナム」を見つけに、街を歩いてみましょう。

Mua sắm

1

2

3

1.手刺繍のリネンワンピースが素敵なHuu la la（P.67）のお姉さん。2.竹を編んでつくられたかごバッグは、旅のおともにしたいかわいさ。3.陶器メーカーのアウトレット品が見つかることも。4.色あざやかなランタンにうっとり。5.バイクも多いけれど、よく見ると緑と花もたくさん。6.素朴なバッチャン焼きのかざらない美しさ。7.天然素材のかごバッグはペットのキャリーバッグとしても活躍。8.天秤棒でものを売り歩く女性とたくさんすれ違う。

Moriko
モリコ

4

3

ていねいな手刺繍がいきる
リネンの洋服

　ハノイのシンボル、ハノイ大教会のすぐ横にあるホーチミン発の刺繍リネンショップです。日本人の好みにぴったりな落ち着いた色合いの布に、さりげなく刺繍が施された上品なワンピースやシャツが手に入ります。ワンピースとして普段使いできそうな子ども用のアオザイもかわいらしい。ポーチやトートバッグ、ハンカチなどの小物雑貨もおみやげに最適。店内で販売されているナチュラルコスメのブランド、Story of Forest（ストーリーオブフォレスト）の石鹸やオイルもおすすめです。ベトナム最北に位置するハザン省の麻の実から生成されたオイルはフェイス、ボディにも使えるほか、エッセンシャルオイルを加えてマッサージオイルとしても使えるすぐれもの。

1.ベトナムではめずらしい北部発のコスメブランド。テスターもあるので香りや使い心地を確認してみて。2.同店の並びにはカフェのラプレイス（P.54）やブティックもあるので、散策を楽しんで。3.フレンチノットステッチがかわいらしいアオザイ風ワンピース。4.A4やノートPCも入る使いやすいサイズ感のトートバッグ。

📍 18 Ấu Triệu,, Hoàn Kiếm, Hà Nội
📞 093 878 0522　⏰ 9:00～20:30　🏠 無休
💻 www.instagram.com/linenbymoriko/

MAP ┆ P.13 C-2

　素材がリネンで日本の春夏に活躍しそうなワンピース、1,960,000 VND～。

洋服・雑貨

Huu la la
フーララ

刺繍のアオザイと布ものがそろう
小さなブティック

　ハノイ大教会のすぐそば、白と黄色のかわいらしい建物の1階にあるお店です。コットンやシルク生地に小花や鳥が刺繍された、ワンピースとしても着られそうなカジュアルなアオザイをはじめ、刺繍入りのワンピースやシャツなど、ホーチミン出身のオーナーがデザインする普段使いもできそうなアイテムもそろいます。ハンカチやポーチ、財布などの小物も充実しているので、おみやげも探すことができ、観光の合間にぜひ立ち寄ってほしい場所です。

📍 2 Nhà Chung, Hoàn Kiếm, Hà Nội
📞 0898 128 223　🕘 9:00〜22:00
🏠 無休　🖥 www.facebook.com/tiemhuulalaa
MAP P.13 C-2

1.こぢんまりした店内には、ワンピースやアオザイなどがたくさん並んでいます。2.リネン素材でゆったりめのサイズ感のシャツは着心地も抜群。自然の動植物デザインの刺繍が目を引きます。3.鳥や花のレリーフが美しい建物も必見。

 雑貨

nagu
ナグ

大切な人へのおみやげにしたい
やさしい風合いの雑貨たち

　ハノイ大教会前から2022年に移転して、リニューアルオープン。移転後も、やさしい風合いのテディベアや小物雑貨は変わらず販売しています。テディベアは名前などの好きな文字、蓮や国旗などのベトナムらしいモチーフの刺繍を入れることができるので、特別なおみやげにぴったり。自社工房で一つひとつていねいに手づくりされる雑貨は細やかなデザインや色使いが日本人好みです。

📍 78 Hàng Trống, Hoàn Kiếm, Hà Nội
📞 024 3933 3462　🕘 9:00〜21:00
🏠 無休　🖥 www.nagu-vietnam.com
MAP P.13 C-2

1.ノン笠とアオザイをまとったテディベアはどの子にするか選ぶのも楽しい。2.歩道が広めで歩きやすい通りに面しています。3.レザーのポーチやバッグもおすすめ。4.刺繍コースターの数々。

Collective Memory

コレクティブメモリー

鶏、バイク、フォーなどベトナムの日常がデザインされたオリジナルノート、各250,000 VND。

ここでしか買えない
ハイセンスなデザイン雑貨

「ベトナムにはたくさんの素晴らしいプロダクツがたくさんあることを、もっとみんなに知ってもらいたい。商品を通して、ベトナムの風土や文化の魅力が伝わればうれしい」と、流暢な英語で気さくに話してくれるのは、トラベルライターのガーホアンさん。一つひとつの商品について、ていねいにそのストーリーを教えてくれます。その隣で笑顔で佇むのは、フォトグラファーのリエムチャンさん。オープン当初はさまざまなブランドから買い付け

たものが中心でしたが、今ではブランドとコラボした限定品やオリジナル雑貨も展開。どの棚もワクワクするようなアイテムでいっぱいで、見ているだけで心が満たされます。

📍 12 Nhà Chung, Hoàn Kiếm, Hà Nội
📞 098 647 4243 🕐 10:00～19:00
🏠 無休 🌐 www.facebook.com/collectivememory.vn
MAP P.13 C-2

ポップなデザインのベトナムポスターは、シリーズで買いそろえて部屋に飾りたくなるかわいさ。

1.陶器メーカーとのコラボでつくられたバッチャン焼き。2.旅先で見つけたアンティーク品を、店内のディスプレイに使用。3.オーナーのガーホアンさん（左）と、リエムさん。聞きたいことがあったら、気軽に英語で話しかけてみて。

Líu Lô Arts & Craft
リウロアート＆クラフト

小さなお店につまった
カラフルでかわいいクラフト

　ポリマークレイを使ったオリジナルピアスが、在住日本人の間でも人気のショップ。カラフルなものからシックなものまでデザインの幅が広く、その時の気分に合ったお気に入りが見つかるはず。ほかにもハンドメイドの石鹸やキャンドルなどが所狭しと並んでいます。ベトナム人イラストレーターのタオさんのイラストが目を引くポスターなども、おみやげによろこばれそう。

📍 19 Chân Cẩm, Hoàn Kiếm, Hà Nội
📞 093 451 9488　🕐 9:00〜21:00
🏠 無休　🖥 www.instagram.com/liuloarts/
(MAP) P.13 C-2

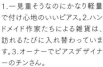 

1.一見重そうなのにかなり軽量で付け心地のいいピアス。2.ハンドメイド作家たちによる雑貨は、訪れるたびに入れ替わっています。3.オーナーでピアスデザイナーのチンさん。

TIREDCITY
タイアードシティ

ローカルアーティストデザインの
オリジナルTシャツや雑貨が魅力

　「手にとった人が心踊るようなアイテムを」をコンセプトにしたショップ。Tシャツやトートバッグ、ピンバッジなどデザインはすべてタイアードシティがコラボするローカルアーティストによるオリジナル。街でよく見かける交通警察や清掃作業員、ノン笠をかぶった売り子など、ベトナムを訪れたことがある人なら思わずクスっと笑ってしまうようなユニークなモチーフの商品に出会えます。

📍 5 Nhà Thờ, Hoàn Kiếm, Hà Nội
📞 024 6294 0995　🕐 9:00〜21:00
🏠 無休　🖥 tiredcity.com
(MAP) P.13 C-2

1.これなしではハノイを語れないアイコンのキーホルダー。2.TシャツはユニセックスでS〜XLまでサイズがあります。3.清掃作業員がスケボーをしている絵が私のお気に入り。

ベトナムの手仕事
Thủ công

ベトナムには、今も受け継がれる手工芸があります。刺繍、螺鈿細工、ラタン細工、ドンホー版画——。手先が器用で、美しいものが好きなベトナム人らしい美的感覚でつくられた工芸品は、細かいところまで趣向が凝らされていて魅了されます。旅ではぜひベトナムの美しい手仕事の世界に触れてみてください。伝統工芸品を扱うショップなどで見つかります。

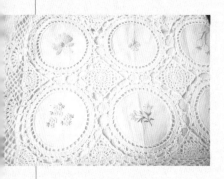

Thêu
刺繍

かつて王族の衣服を装飾するために施され、継承されてきた美しく繊細な刺繍の技は現在でも日用品やおみやげ品に用いられ、人々に愛されています。最近では機械刺繍が主流となり、本当に美しい手刺繍品は少なくなってきました。

Sừng Trâu
水牛の角

ベトナムでは水牛を食べます。水牛の角まであますことなく、アクセサリーやカトラリー、くしなどにして大切に使います。

Gỗ
木

日本では希少な紫檀などの高級木材など、さまざまな木でつくられた木工製品があります。日本ではなかなか見かけないおやっと思うようなおもしろいデザインのものも見かけます。

Gốm sứ
陶磁器

ベトナムでは、伝統的な陶器村から近代に生産をはじめた村までたくさんの陶磁器の工芸村があります。ハノイの近くには日本でも有名なバッチャン焼きの産地があり、旧市街でも陶磁器を扱うおみやげもの屋が多くあります。

Tre Cói
竹、水草

ていねいに手で編み込まれた竹や水草のバッグ、日用品は、おみやげとしてもぜひ持ち帰ってほしいもののひとつです。

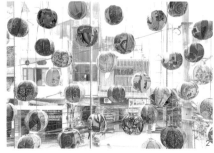

1.オリジナルをはじめ、国内のデザイナーズブランド商品がそろう。2.シルクでつくられた高級感のあるランタン。3.自然な色合いの刺繍糸を使ったデザインは日本人好み。4.ひときわ目をひく外観で、ショップは3階まであります。店内1階の奥にはKOTOカフェを併設。

Tanmy Design
タンミーデザイン

美しい刺繍にうっとり
ハイクオリティーな手工芸品が並ぶ

1

2

　4世代にわたって受け継がれてきた刺繍の老舗「Tan My(タンミー)」が展開する、ベトナム全土の高品質な手仕事品をセレクトしたショップ。妥協を許さない刺繍の達人として信頼を集める1代目が築いたTan Myブランドの刺繍品はもちろん、シルク、漆、アート作品などメイドインベトナムの手仕事にこだわったすぐれたデザインの逸品が並びます。

　デザイナーズアイテムもいいですが、なんだかんだ迷った末に買うのは結局Tan Myの手刺繍品たち。定番の巾着袋やポーチも市場や路上で販売されているものとは違い、ていねいな手刺繍が施され、自分用のおみやげにいくつもほしくなってしまいます。

1.刺繍でかかれた文字がかわいい手紙のようなポーチ、各$8。2.食卓が楽しくなるトランプ柄のナプキンとテーブルクロス、セットで$30。

📍 61 Hàng Gai, Hoàn Kiếm, Hà Nội
📞 024 3938 1154
🕐 8:30〜20:00
🚪 無休
💻 tanmydesign.com

MAP　P.13 C-2

Quốc Sự

クオックス

ひと針ひと針、いきいきとした
刺繍絵に魅了される

1

2

　一見写真かと思ってしまうほど精巧な刺繍絵を扱うお店。蓮や
ホアンキエム湖などハノイを象徴する風景からかわいらしい犬ま
で、さまざまなモチーフの刺繍絵が壁一面に掲げられています。
　刺繍絵のなかでもとくに美しくモチーフが生き生きとしてみえ
る作品には、「Sự」のサインが。それはオーナーであり、刺繍職
人のNguyễn Quốc Sự (グエンクオックス) 氏とその後継者の作品
です。自然の光や植物の瑞々しさまで手刺繍で表現されていて、
時間を忘れて見入ってしまいます。店内には刺繍絵以外にもポー
チなどの小物も販売されているので、気軽に訪れてみてください。

4

📍 21 Lý Quốc Sư,
　Hoàn Kiếm, Hà Nội
📞 024 3928 9281
🕐 9:00〜19:00
🏠 無休
💻 www.quocsu.com.vn
（MAP｜P.13 C-2）

1,2.刺繍が入ったポーチやキャンバス地
のパスポートケースも素敵。3.13歳から刺
繍を学び、ベトナム美術協会から「黄金の
手」と称されたクオックス氏。ハノイ近郊の
工房にて。4.刺繍絵はオーダーも可能。制
作1か月〜。

一級品はSự、上等品はQ.Sのサインがあります。価格はサインなしのもので$13〜。

波型淵の皿、各200,000 VND〜。ペーパーウェイトにもなる猫の置物、各120,000 VND〜。

Hiên Vân Ceramics

ヒエンヴァンセラミック

歴史のロマンを織り込んだ
ノスタルジックな陶器

　ハノイ市の北東に位置するバクニン省の工芸作家ホアイマイさんによる陶器工房のショップです。11世紀頃の李朝〜17世紀頃の莫朝などの王朝時代につくられた陶器の美しいデザインや佇まいに魅せられたホアイマイさんは、自身の工房でその美しさを表現する陶器づくりに着手。素朴な懐かしさと気品が感じられるオリジナルの陶器を完成させ、工房を構えた村の名前からHien Van Caramicsと名付けました。お店は昔の建物が多く残るハノイ旧市街のなかでもとくに古い洋館の一室にあり、陶器の雰囲気とも合っていて、お店ごと美術品のようです。

1.お皿などの小物のほか、美術品のようにレリーフが美しい壺や花瓶も販売しています。2.建物の2階、Loading Tカフェの奥にある一室がお店。3.テト時期に販売される十二支の置物。ベトナムでは十二支に猫が入ります。

📍 8 Chân Cẩm, Hoàn Kiếm, Hà Nội
📞 094 468 3390
🕐 9:00〜18:00
🏠 無休
🖥 hienvanceramics.com

Maroon
マルーン

ユニークなデザインのバッチャン焼きや漆雑貨

　オーナーのセンスがひかるモダンで独創的なデザインのバッチャン焼きや、漆の雑貨などがそろいます。テーブルスタンド、ランプなどの陶器や動物の置物などの漆雑貨はインテリアとしても活躍しそう。バッチャン焼きは工芸品としても注目されている女性絵付師の工房から買い付けた花瓶やティーセットがおすすめです。植物を独特の色使いで華やかに描いた絵柄はオリエンタルな雰囲気が素敵。特別なおみやげを探したい時などに、ぜひ訪れてみてください。

📍 156 Hàng Bông, Hoàn Kiếm, Hà Nội
📞 024 3928 7264
🕐 9:00〜18:00
🏠 日曜休み
✉ maroon.com.vn

(MAP ┆ P.13 C-1)

1.女性絵付師による手描きの蓮の花のティーセット1,120,000 VND。2.部屋においたくなる素敵な色合いの1輪挿し。

3.いくつかのバッチャン焼き工房から買い付けた陶器は種類が豊富。4.さまざまな形の花瓶がそろっています。5.彫って加飾された絵柄の陶器は、テーブルに並べた時に目を引きそう。6.石を彫ってつくられたベトナムの伝統楽器音楽隊。

竹ざるに少数民族が描かれたかわいらしいお面や、オリジナルのポストカード。

趣のある建物のなかに、あざやかな漆器が美しくディスプレイされています。

 雑貨

Hanoia
ハノイア

ベトナムの伝統文化を伝える
上質な工芸品に出会える

　ナイトマーケットも開催される、旧市街の中心を通るHàng Đào（ハンダオ）通りの歴史ある建物のなかにお店を構えています。元々はシルク商人たちが集まる集会所だった場所を木造の趣のあるお店へと改装。ベトナム人とフランス人のデザイナーがデザインし、ベトナムの職人が丹精込めてつくりあげた工芸品が美しく展示されています。季節ごとに発表されるコレクションは、どれもベトナムをテーマにした洗練されたデザイン。クラシックでありながら新しさを感じる逸品です。ベトナム漆が美しい茶筒や菓子箱、アクセサリーなどギフトになりそうなものもあります。

1.ベトナム漆で彩られたバングルなどのアクセサリー。2.旧市街のにぎやかな通りにあります。

📍 38 Hàng Đào, Hoàn Kiếm, Hà Nội
📞 024 3710 0819
🕐 9:00〜20:00
🚪 無休
🖥 hanoia.com
MAP P.12 B-2

Chie Dù Pù Dù Pà

チエ ズプズパ

少数民族の風土が織り込まれた
魅力あふれる布小物

　ベトナム北西部に暮らす少数民族が織る、伝統的な布地や手紡ぎの天然コットン布を探すならここ。ポーチや財布、クッションカバーなどの上質なオリジナル商品が豊富です。

　オーナーのトゥイさんはJICA（国際協力機構）の北西部の少数民族支援プロジェクトにプロダクトデザイナーとして携わった後、このショップをオープン。日本人好みのやさしい風合いの雑貨たちをつくり続けています。2階には、トゥイさんが長年収集してきた古い少数民族の衣服や機織り機が展示され、まるで美術館のよう。少数民族やベトナム文化を愛するトゥイさんのこだわりが詰まったセンスが光るお店をぜひ訪れてみてください。

📍 66 Hàng Trống, Hoàn Kiếm, Hà Nội
📞 024 3938 7215
🕐 9:00～21:00
🏠 無休
🖥 www.facebook.com/
　　chie.craft.and.design
MAP │ P.13 C-2

2階に展示されているターイ族の文様が織られた布と機織り機。

ターイ族のミニ財布と、
モン族の長財布。

ろうけつ染の
コースター。

藍染のリネン素材でつくられたキルトクッションは、一つひとつ少数民族の表情が違ってかわいい。

笑顔が素敵なオーナーのトゥイさん。

77

少数民族の手仕事

織物とろうけつ染、刺繍の布

ベトナムは54民族が暮らす国。約85%はキン
族、残りが53の少数民族です。少数民族は、そ
れぞれ異なる文化を持ち、衣類、食べもの、住
居、言葉など民族独自の生活様式を大切にし
て暮らしています。それぞれの民族についてく
わしく知りたい人は、民族学博物館 (P.103) を
訪れてみて。

少数民族の文化のなかで、私がとくに興味深
いのは、「衣」。彼らが自然とともに暮らすなか
で、その恩恵を受けながら伝統的につくってき
た衣服には、先人たちの想いが詰まっています。

Dệt Thổ Cẩm của Người Thái

ターイ族の織物

ベトナムの民族全体のうち、3番目に多いとい
われるターイ族。主にベトナムの北西部に居住し
ています。ターイ族は黒ターイ、白ターイ、赤ター
イに分類され、住んでいる地域や衣類などに違
いがあります。ターイ族の女性は伝統的に織物を
つくり、その織物には花や虫、動物など自然のも
のを抽象化した文様が織り込まれています。「文
様にはどんな意味があるの？」と尋ねると、次の
ように語ってくれました。

「花」のように人々から愛され、家庭やコミュ
ニティが円満でありますように。

いつも近くにいる友達のような「ちょうちょ」が
山での生活を守ってくれますように。

「象」のように強く、たくましく、働いて家庭を
守ってくれますように。

自然と調和しながら生きてきたターイ族の先
人たちが大切にしてきた考えや想いが織り込まれ
ている布を見ると、この素晴らしい布が何百年
後かもずっと大切に織られ続けていたらいいなぁ
と思わずにはいられません。

[工房をのぞいてみよう]

1.綿花から手つむぎして糸をつくり
ます。綿花の色はその年の気候によ
り異なるので、「白」のコットンもその
年によって微妙な色の違いが生ま
れます。

2.糸車で機織り用に糸を巻きます。

3.機織りでコツコツ織り上げます。

完成！

Kỳ thuật vẽ sáp ong, thêu của Người H'mong

モン族のろうけつ染と刺繍

ベトナムの民族全体の約1.2%ほどになるモン族。モン族は中国、タイ、ラオス、ミャンマーにもまたがって暮らしており、中国では苗族、ミャオ族と呼ばれています。ベトナムのモン族は黒モン、赤モン、青モン、花モン、白モンなどに分かれます。ベトナムの山岳エリアのサパ（P.118）に多く暮らす黒モン族の藍染、ろうけつ染、刺繍の様子を見てみましょう。

昔は刺繍糸がなかったため、身近にある蜜蝋を使って、文様を描いたとか。文様は細かければ細かいほど、悪霊が入ってこないといわれています。古い民族衣装ほど、きめ細かい文様が描かれていて、いったいどれほどの年月をかけて、どんな想いで描いたのかと想像すると心を動かされます。

[工房をのぞいてみよう]

1.育てた麻をつむいで糸にします。

2.機織り機で麻布を織ります。

3.蜜蝋をあたためて、液状になった蜜蝋で文様を描きます。

4.藍の樽に浸し、染めます。

5.染めて乾かし、染めて乾かしを繰り返して、藍色に染め上げます。

6.蜜蝋を溶かすように熱湯で洗い、乾かしたら蜜蝋で文様を描いた部分が白色に浮かび上がります。

7.その布に長い時間をかけて一針ひとはり刺繍やパッチワークをして、ようやく完成です。

完成！

工房見学とショッピング

シルク工芸村

　ハノイ市中心部から車で20分ほどのハドン地区にあるヴァンフック村は、1000年以上の歴史をもつ絹織物の産地として知られています。現在も村には機織りの工房がいくつかあり、「工房を見てもいいですか？」と聞くと、「自由にどうぞ」という感じで気軽に見学させてもらえます。数基の木製の機織りを使って、カシャンカシャンと音を立てながら織っていく様子は圧巻です。

　村内ではアオザイやスカーフ、ポーチなどの雑貨などを販売するお店が、軒を連ねています。ヴァンフック村のシルク織物だけがあるわけではなく、中国産のシルクや化繊の製品もたくさんあります。数あるなかからぜひヴァンフック産のお気に入りを探してみましょう。村でヴァンフック産のシルク布を購入して、市内でアオザイなどを仕立ててみるのもよいかもしれません。

1.ヴァンフック村の入り口から、まっすぐ進んだ先にあるみやげもの店が軒を連ねる広場。夕方6時頃にはどの店もクローズします。2.シルク生地を使ったバッグやノン笠も。ヴァンフック産シルク生地は180,000 VND/m～。3.色とりどりのスカーフ、150,000 VND～。4.ボタンや裏地にシルクが使われた子ども服、500,000VND。5.村の入り口。散策の目印に。

6

[行き方]

メトロ＆バス：2A号線カットリン駅から乗車し20分、ハドン駅（Ga Hà Đông）下車。85 Quang Trungにあるバス停からバス57番に乗車し約3分、Chùa Vạn Phúc（チュアヴァンフック）下車。
バス：キムマーバスターミナル（MAP P.10 B-2）からバスBRT01に乗車し約20分、Nhà Chờ Vạn Phúc 1（ニャーチョーヴァンフック1）で下車、徒歩約8分。
タクシー：旧市街から約20分、150,000 VND～。

6.肌触りがよいシルクのクッション、各280,000 VND。7.お店の奥などに工房が。何台も連なる木製の機織り機は機械式で、自動で織られていきます。8.織機の小気味よい音はずっと聞いていられます。

Chợ Phiên

ロマンがつまった蚤の市

アンティークマーケット

Hoàng Hoa Thám（ホアンホアタ
ム）通りから一歩入った居住エリア
にある広場で、毎週土曜日にアン
ティークマーケットが開催されてい
ます。古いバッチャン焼きや古銭、
切手や時計など、年代物の骨董品
が蚤の市のように売られ、縁があれ
ば掘り出しものが見つかるかも？
集まっているのは年配の男性ばかり
でその雰囲気に圧倒されますが、
宝探し気分で訪れてみてください。
入り口付近ではベトナムの南東部に
位置するビンズオン省の陶器も売っ
ています。

1.細かい装飾が施されているアルミ製のキッチン用品。2.1960
年代のチェコスロバキア製時計。3.昔のバッチャン焼きも発見。4.
レトロなデッドストック食器が出品されている時も。5.古いホー
ローのコップを購入。

5

📍 Ngõ 456 Hoàng Hoa Thám, Ba Đình, Hà Nội
🕐 土曜8:00〜12:00

(MAP : P.10 A-2)

[行き方]

旧市街からタクシーで約40分。住所の場所から階段を下
りて、50mほど進みます。

キラキラと目を輝かせたおじ
さんたちが集まる、週に一度
のお楽しみ空間。

81

ネオクラシック調のインテリアで、女性に人気が高い部屋。猫足のフレンチバスタブがあるのもうれしい。グランドプレミアムルーム、$432（税・サ別）/室〜。

 ホテル

Sofitel Legend Metropole Hanoi

ソフィテルレジェンドメトロポールハノイ

一度は訪れたいハノイの歴史が刻まれた伝統あるホテル

　1901年のフランス領時代に創業したハノイでもっとも歴史があるホテルのひとつ、Sofitel Legend Metropole Hanoi。かつて、有名な芸術家や作家なども滞在し、彼らの名前がついた部屋もあります。

　旧館からホテルに入ると、まるで100年前のハノイにタイムスリップしたかのような伝統と格調の高さが感じられる雰囲気のあるロビーと、ノーブルなアオザイを着たホテルスタッフが迎えてくれます。フレンチコロニアル風のホテルはハノイにたくさんありますが、120年以上の歴史をもつこのホテルには、つくることのできない本当の趣が漂っています。ハノイに来たらぜひ一度は訪れてみてください。

1.伝統あるフレンチコロニアル調のグランドラグジュアリールーム、$252（税・サ別）/室〜。2.旧館のエントランスロビーの吹き抜け。3.創業年の1901がデコールされた外観。4. Bamboo Barサイドのプール。

📍 15 Phố Ngô Quyền, Hoàn Kiếm, Hà Nội
📞 024 3826 6919
🖥 www.sofitel-legend-metropole-hanoi.com
🛏 1室$252〜

MAP P.13 D-3

スパ

Le Spa du Metropole

ルスパドゥメトロポール

心も身体もリラックスしたひと時を味わえるスパ。個室の
マッサージルームは1〜2名で利用できます。フランス産
天然アロマオイルを使用した心からリラックスできる
Relaxing Aromatherapy
Treatment 60分、
2,300,000VND。個室ス
チームバス、ボディの角質
除去、マッサージ、フェイ
シャルのコース、Imperial
Experience180分 4,9
00,000 VND。

バー

Bamboo Bar

バンブーバー

アジアのリゾート感たっぷりのプールサイドにあるバー。か
つてホテルに滞在した著名人の名前を冠したシグニ
チャーカクテルがおすすめです。

1936年にハネムーンでホテルに滞在した
チャーリーチャップリンの名前を冠したカク
テル260,000 VND（税・サ別）は、ジン、ア
プリコットブランデー、ライムジュースをミックス。

ホテル宿泊者以外も利用できる施設が充実

 カフェ バー

Le Club Bar

ルクラブバー

午後のひとときを優雅に過ごしたいなら、午後3時〜夕
方5時半まで楽しめるアフタヌーンティーがおすすめ。グ
リーンが美しい素敵な中庭をながめながらスイーツを楽
しみましょう。火曜〜日曜の夜7時からはジャズライブも。

スイーツやサンドイッチが並ぶアフタヌー
ンティー、690,000 VND。

 雑貨・食品

L'Epicerie

レピセリー

グロッサリーショップでは、ホテルのシェフがつくるマカロ
ンやケーキ、チョコレートなどのお菓子やワイン、チーズが
購入できます。オリジナルのブレンドティーは種類が豊富。
サンプルがあるので好みのものを見つけて。

高貴な蓮の香りの茶葉Emperor Lotus Tea
（エンペラーロータスティー）、1,650,000
VND。アフタヌーンティーでお気に入りのお茶を見つけた
ら、ここで購入して持ち帰れます。ジャスミンティーもおす
すめ。

ベトナム料理が楽しめるCloud Nineレストランは宿泊者以外も利用できます。

 ホテル

La Siesta Premium Hang Be Hotel

ラシエスタプレミアムハンベーホテル

ホスピタリティ抜群の宿
ハノイの日常も垣間見られる

　家族や友人がハノイでホテルを探していたら、まず
おすすめするのがこのホテルです。その理由は、5ツ星
ホテルよりもリーズナブルでありながら、気づかいあふ
れるサービスに定評があるから。ホテル内はシンプル
かつシックな色合いでまとめられていて、どの部屋も
落ち着いた雰囲気です。

　路上市場が目の前に広がる旧市街に位置している
ので、バルコニーがある部屋を選べば、ハノイのなに
げない日常の風景をのんびり眺めることができます。
ルーフトップにあるバー（P.35）からは360度の眺め
が望めるほか、全面窓ガラスの9階レストランからも、
赤い屋根の家々を見下ろしながら朝食を楽しめます。

📍 27A Hàng Bè, Hoàn Kiếm, Hà Nội
📞 024 3929 0011　📧 lasiestahotels.vn/hangbe/
🛏 1室$150〜

1.ホアンキエム湖まで徒歩5分の場所にあります。2.バル
コニーまたは窓ありの部屋がおすすめ。窓なしの部屋も
あるので予約の際に確認を。3.ロビーには自由に弾ける
ピアノもおいてあります。4.旧市街散策には便利な立地で
すが、旧市街内はタクシーが少ないのでご注意を。

MAP ┊ P.12 B-3

フロントスタッフはリニューアル前から変わらない顔ぶれで安心感があります。

 ホテル

Aira Boutique Hanoi Hotel & Spa
アイラブティックハノイホテル＆スパ

安らぎを感じられるホテル
各エリアへのアクセスも便利！

　あたたかなホスピタリティを感じられ、旅行者やビジネス渡航者に定評のあった旧市街のホテルEssence Hanoi Hotelが、2020年にクローズ。残念に思っていましたが、移転してホテル名を変え、2022年にリニューアルオープン！　観光の拠点となるホアンキエム地区、ハイバーチュン地区へのアクセスはもちろん、オフィスビルが立ち並ぶエリアへのアクセスも便利になりました。旧市街の宿は街歩きに便利ですが、ほかのエリアに行く際に渋滞や週末の歩行者天国などでタクシーがつかまりにくいなどのデメリットも。こちらのホテルは広い道路に面しているので、その心配がありません。最上階のベトナム料理レストランも人気で予約必須です。

1.窓が大きく明るい客室。ジムやプールもあるのでホテルでゆっくり過ごすのもおすすめ。2.地下にあるスパにはミストサウナ、ドライサウナも。3.ルーフトップバーからは国旗掲揚塔を上からながめられます。4.ハノイの世界遺産タンロン城跡にも徒歩で行ける立地。

📍 38A Trần Phú, Ba Đình, Hà Nội
📞 024 3935 2485　🖥 airaboutiquehanoi.com
🛏 1室$90～

MAP　P.11 B-3

ベトナムの文房具

　ハノイの文房具屋や街の書店の文具コーナーには、数年前にはなかった新しくて便利なグッズがたくさん増えています。だけど、やはり心惹かれるのは昔ながらの少し頼りない文房具。旧市街の事務用品店や、書店の文具コーナーの隅っこのほうを探してみると、味のある文房具が見つかるかも。はさみは、Hàng Bồ（ハンボー通り、P.23）などでも見つかります。

領収書、各4,000 VND。筆圧強めで書くと破れそうな紙質ですが、意外と使いやすい。

「至急」とベトナム語で書かれたスタンプ。ほかに「Dã Thanh Toán（支払済み）」などもあります。

表紙がキッチュな昔ながらのノートは色柄サイズが豊富。小/46,000 VND、大/29,000 VND。

Bút nến（ろうそくペン）、各2,000 VND〜。安いわりに書きやすいので重宝。

封筒、各14,000 VND。ホアンキエム湖や文廟などの写真風イラストが印刷されているものなどもあります。

フォルムがかっこいいはさみ、各60,000 VND〜。

ノート、領収書など

Minh Diệp
ミンジェップ
📍 26 Hàng Cân, Hoàn Kiếm, Hà Nội
📞 024 3923 0663　🕐 8:00〜18:45
🏠 無休
MAP ┊ P.12 B-2

封筒、スタンプなど

Stationary Phương Nội
ステーショナリーフオンノイ
📍 23 Hàng Bồ, Hoàn Kiếm, Hà Nội
📞 024 3826 6723　🕐 8:30〜18:00
🏠 日曜・祝日休み
MAP ┊ P.12 B-2

職人がつくる
ベトナム伝統の手すき紙雑貨

　Giấy Dó（ゾー紙）と呼ばれる味わい深い手すきの
紙があります。古くからドンホー版画や製本、美術紙
に用いられてきましたが、次第に衰退し、現在では数
人の限られた職人だけがつくることができるといわれ
ています。ゾープロジェクトでは風前の灯となっている
伝統的な手すきのゾー紙を使ったプロダクトをつくっ
て販売したり、ワークショップを開催することでその
技術を守っています。ゾープロジェクトの商品はオン
ラインのほか、コレクティブメモリー（P.68）でも手に
入ります。

　日本の和紙とはまたひと味違ったベトナムならでは
の手すき紙の世界に、ぜひ触れてみてください。

Zó Project ゾープロジェクト
zoproject.com

1.ナチュラルで素朴な質感が魅力のグリー
ティングカード。2.カバーも、なかの紙も
ゾー紙。イラストや日記を書きいれたい。

2

[工房をのぞいてみよう]

1.石灰水などにつけてやわらかくし
た黒い外皮をむきます。

2.樹皮を煮た後、細かく砕いて不
純物を取り除きます。

3.繊維を細かくたたいてほぐします。

4.水などの材料とよく混ぜて合わせ
ます。

5.均等になるように水のなかでてい
ねいに型になじませます。

6.日にあてて乾燥させたら完成で
す。

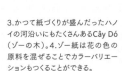

3.かつて紙づくりが盛んだったハノ
イの河沿いにもたくさんあるCây Dó
（ゾーの木）。4.ゾー紙は花の色の
原料を混ぜることでカラーバリエー
ションもつくることができる。

4

3

ハノイを旅する前に見たい映画、
旅しながら聞きたい音楽

『夏至』 Mùa hè chiều thẳng đứng

監督：Trần Anh Hùng

「母が最期に口にしたのは父以外の男性の名前だった」。母の秘密と自分を重ね合わせながら、それぞれの抱える問題や苦悩を誰にもいえないまま過ごす3姉妹の夏の日々を描く。人々の日常や心情の美しさが、細部にわたってていねいに表現されている作品です。歌うように語られるセリフ、仕草、衣装から、舞台となっている場所、調度品まで、一つひとつに気品があり、その世界観に入り込んでしまいます。ハノイに行く前にこの映画を見るときっと旅の視点が変わるはず。同監督のベトナムを舞台にした作品はほかに「青いパパイヤの香り」「シクロ」もあります。

Lê Cát Trọng Lý

レー・カット・チョン・リー

www.facebook.com/lecattronglyworks

ダナン出身のシンガーソングライター。フォークミュージックをベースとして、詩情豊かな世界観を表現しています。アコースティックなギター弾き語りと、ここ数年はピアノやビオラ、コントラバスなどのオーケストラとベトナムの伝統楽器をあわせたコンテンポラリーミュージックを自身の作品に取り入れています。彼女の歌声は郷愁の響きがあり、ハノイのノスタルジックな街並みにもぴったり。音楽ストリーミングアプリなどでも試聴可能なので、旅の移動中や絶景に出会った時、ホテルでのリラックスした時間のおともにぜひ。

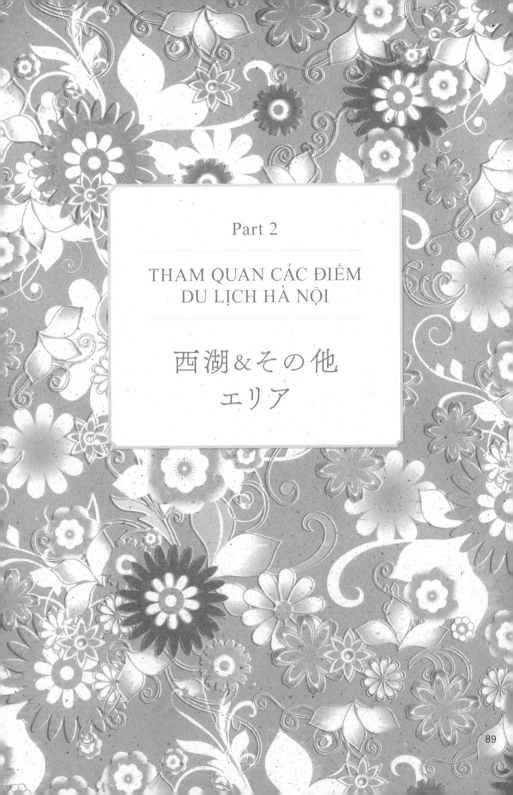

Part 2

THAM QUAN CÁC ĐIỂM
DU LỊCH HÀ NỘI

西湖&その他
エリア

中心地を離れてのんびり過ごす

　西湖はハノイでいちばん大きな湖。全周約17km、面積は500ヘクタールほどあり、よく晴れた日でないと向こう岸が見えないほどの大きさです。西湖エリアはホアンキエム湖周辺の観光エリアとは違い、おだやかで落ち着いた空気が漂っています。欧米の人たちや日本人など外国人が多く居住するエリアで、外国人好みのレストランやカフェ、おしゃれなインテリアショップ、オーガニック食品を扱うお店などがあります。このエリアでは観光で疲れた身体を休め、のんびりと過ごしてください。心身ともに癒される場所を中心にご紹介します。

　また、P.100からはホアンキエム湖周辺以外に点在する観光のおすすめスポットをご紹介します。ベトナム美術博物館や文廟、ホーチミン廟などがあるエリアです。これらのスポットへはバスやタクシーで行けますが、おすすめは市内周遊バス（P.136）。ハノイの観光名所をまわるバスで、乗車券を購入すると停留所で自由に乗り降りできます。観光名所の前で客引きをしているタクシーはトラブルが多いので、このような観光バスを利用することをおすすめします。

蓮の開花時期、早朝に西湖を訪れると蓮の収穫風景に出合えるかも。

Column

Hồ Tây

サンセットを楽しむ

西湖でチル

西湖エリアの醍醐味はなんといってもハノイにいながらにして、のんびりと過ごせること。旅の日程が足りずに地方に行けなかった場合でも、最終日は西湖エリアでのんびり過ごしてみてはいかがでしょう。観光エリアの喧騒から離れて、非日常感を少しだけ味わうことができますよ。このエリアでのハイライトは、西湖越しにハノイの街に沈んでいく夕日をながめること。私のお気に入りの夕日スポットをご紹介します。

夕暮れ前のひと時を、湖で過ごす人たち。

2. Chùa Trấn Quốc
（チュアチャンクオック）
鎮国寺

西湖の島にある、ベトナム最古の仏教寺院。高い仏塔や木々が夕日によって、まるで絵画のような風情を感じる風景に。夕暮れ時には、寺院の周辺湖畔沿いにプラスチックの椅子が並べられ、デートを楽しむカップルや夕涼みをする人たちが集まり、ノスタルジックさが増します。寺院の向かいにある大人気のアイスクリームを片手に周辺を散策してみて。足漕ぎのスワンボートもあります。

1. Từ Hoa Công Chúa
（トゥーホアーコンチュア通り）

静かな通りで、西湖に佇む家々の合間に夕日が沈んでいく様子を望めます。火炎樹などの季節の花が咲く街路樹が続き、夕刻はとくに美しい。通りからほど近い場所にある「Orriberry Coffee（オリベリーコーヒー）」の西湖向きの席やルーフトップから、ゆっくりと暮れていく空をながめながら過ごすのも◎。

Oriberry Coffee
オリベリーコーヒー
📍 21 Xuân Diệu,
Tây Hồ, Hà Nội
📞 024 3718 8076
🕐 7:00～20:00
🏠 無休
💻 www.oriberry.com
MAP P.14 B-2

Chùa Trấn Quốc
鎮国寺
📍 Thanh Niên, Tây Hồ, Hà Nội
🕐 7:30～11:30、13:30～18:30　🏠 無休　💰 入場無料
MAP P.11 A-3, P.14 C-2

ハノイの黄昏時はどこか情緒が漂う。

3. Sunset Bar
サンセットバー

西湖上の白亜のコテージが、都市にいながらにしてリゾート感を満喫できるホテル「インターコンチネンタルハノイウェストレイク」。ここでは、湖上にあるサンセットバーで夕焼けに染まる空をのんびり楽しめます。宿泊していなくてもバーやレストランを利用できるので、ぜひ訪れてみて。

Sunset Bar
サンセットバー
♀ 5 Phố Từ Hoa, Tây Hồ, Hà Nội
🕐 16:00〜24:00
🏠 無休

(MAP ┊ P.14 B-2)

4. Santorini Vibes
エーゲ海に浮かぶ島風カフェ

ブルーと白を基調にしたかわいらしいカフェ。エーゲ海南部のサントリーニ島をイメージしてつくられたカフェで、若者のデートスポットとしても人気があります。近くには廃墟となった船レストランや遊園地があるウォーターパークがあります。少しさびれた観覧車と夕日は、どこの国でもどこか哀愁を感じさせるのはなぜでしょうか。

Santorini Vibes
サントリニバイブス
♀ 181 Nhật Chiêu, Nhật Tân, Tây Hồ, Hà Nội
🕐 9:00〜23:00　🏠 無休

(MAP ┊ P.14 A-1)

シグニチャーメニューのトーストやスムージーのほか、フルーツボウルもおすすめ。

1.室内のほか外にもテーブルがおかれています。気候がよい時は外席にどうぞ。2.添加物不使用のナチュラルなベトナム産ハーブティー。3.南部の陶器産地ビンズオン省ライテウ産の陶器は、素朴さが魅力的。ほかにオーナーがセレクトしたモダンデザインのバッチャン焼きなども。

 カフェ

Avos & Mango
アヴォス＆マンゴー

ベトナム産の新鮮フルーツで
ビタミンをたっぷりチャージ

　住宅街のなか、少しわかりづらい場所にありながらローカルや在住外国人から厚い支持を受けるカフェ。マンゴー、アボカドを中心にベトナム産フルーツをふんだんに使ったデザートやドリンク、フードが楽しめます。新鮮でおいしいフルーツがたっぷり食べられるのはもちろん、一つひとつのプレートやドリンクがアートのように彩り豊かに盛り付けられていて気分があがります。

　また、店内ではローカルアーティストによるプロダクトも豊富に扱っていて、ライテウ焼きの陶器などほかではあまり見かけないものも。オーナーは、オーストラリアやシンガポールに在住経験のあるハノイ出身のベトナム人女性。彼女の明るさとあたたかさがそのまま反映されたようなお店です。

📍 52 Ngõ 12 Đặng Thai Mai,
　Tây Hồ, Hà Nội
📞 039 683 4404
🕐 8:30〜18:00　🏠 無休
💻 www.facebook.com/avosandmango
MAP　P.14 B-1

🍴 レストラン

Chào Bạn
- Vietnamese restaurant
チャオバン - ベトナミーズレストラン

親しみやすい店主がいる
アットホームなレストラン

　Xin chào（シンチャオ＝こんにちは）よりも気軽で、友人に話しかける時などに使うChào bạn。その店名の通り、友人宅に遊びにきたかのようにくつろげるレストランで、オーナーのヴィンセントさんがあたたかくもてなしてくれます。シェフは旧市街の人気レストランで長年腕をふるったマダムハン。定番の家庭料理にフレンチの要素を加えた料理は、どれもここでしか味わえないおいしさがあります。

1.ココナッツベースのクリームスープには海老がたくさん入っています。2.テーブル数は多くないのでなるべく予約を。3.フランスで育った後、10代からハノイで暮らすヴィンセントさん。

📍 98 Tô Ngọc Vân, Tây Hồ, Hà Nội
📞 024 3633 3435
🕐 11:00～14:30、17:30～22:00
🏠 無休 ⌨ m.facebook.com/ChaobanHaNoi/
(MAP ┊ P.14 B-1)

🍴 レストラン

Cousins
カズンズ

ローカルからも愛される
気取らないフレンチビストロ

　隠れ家的な立地にありながら、ローカルや在住外国人に愛される名店です。2階建てのヴィラは、ゆっくりと食事をしたい時に最適。系列店が数店舗ありますが、西湖エリアのこのお店の開放的な雰囲気が好きで、よく足を運びます。おすすめは中庭の席。友人の家に招かれているような気持ちで、季節のメニューやワインが楽しめます。

1.民家に囲まれた中庭席でのんびり食事を楽しみたい。2.ビーツとフェタの相性が抜群でいくらでも食べられてしまうQuinoa & Feta Salad（キヌアとフェタチーズのサラダ）、160,000 VND。週替わりのスペシャルメニューもおすすめです。3.タクシードライバーに住所を伝えて訪れて。

📍 15 Ngõ 45 Tô Ngọc Vân, Quảng An, Tây Hồ, Hà Nội
📞 083 867 0098
🕐 11:00～14:00、17:00～22:00、金～日曜11:00～22:00
🏠 無休 ⌨ www.facebook.com/cousins.tongocvan
(MAP ┊ P.14 B-1)

95

作品は不定期に入れ替わります。この時は、大教会やロンビエン橋などハノイのランドマークを描いた作品が。

🏛 アート作品・雑貨

WORK ROOM FOUR
ワークルームフォー

ベトナム人アーティストの作品が並ぶ
ベトナムの日常を感じられる雑貨も

　白亜の一軒家フレンチヴィラを拠点とするアート＆デザインギャラリー。ハノイに長年暮らすイギリス人のオーナーがキュレーションした、ローカルアーティストによる絵画などの現代アート作品が展示されています。心惹かれる作品に出会ったら、旅の思い出とともに持ち帰るのもいいでしょう。

　廊下を進んだ先にある奥の小部屋では、オリジナルのプロダクトが販売されています。路上のプラスチック椅子や市場でよく見かける秤など、ベトナムの日常のなかでよく見かける小物がデザインされたポストカードや包装紙は使わずに大切にとっておきたくなるほどのかわいさです。

1.ポップな紙もの雑貨が魅力的。ショップがセレクトした陶器もあります。
2.市場や夜市で見かけるベトナムの日用雑貨が包装紙に！3.不定期でアーティストの個展などのイベントも開催されています。

📍 31/67 Tô Ngọc Vân, Tây Hồ, Hà Nội
📞 024 3212 1478　🕘 9:00〜18:00
🏠 無休　🖥 www.workroomfour.com

Kilomet 109

キロメット109

伝統を受け継ぐ職人とつむぐ
こだわりの一着が手に入る

　伝統的な製法で職人たちとつくり上げた生地をモダンなスタイルに仕立てるベトナム人デザイナー、タオさんのブランドショップ。タオさん自ら生地づくりを行う農村を訪れ、職人たちと共同で糸、染色、ろうけつ染、織りなどの工程を経て一着の洋服をつくり上げます。毎年3月から生地づくりをはじめ、11月頃にようやくでき上がった生地を使って、デザインしています。「素材となる植物を育てるところから、個性的な一枚の布になるまでを伝統的な製法でつくり上げるのが楽しい。続けることで、消えゆく伝統文化を次世代に受け継ぐこともできると思っています」とタオさん。一着一着に詰まったたくさんのストーリーを感じてみて。

1.オーナーでデザイナーのタオさん。バナナの繊維からつくった生地のアウターは軽い着心地。2.ワンピース、スカート、アウターなど、どのデザインもミニマル。3.ろうけつ染で描かれたラインが美しいワンピース。4.お店は西湖に臨む場所にあります。付近の散策を楽しみながら立ち寄ってみて。

📍 64 Quảng An, Tây Hồ, Hà Nội
📞 091 237 0902
🕐 10:00〜19:00
🏠 月曜休み
🖥 www.kilomet109.com

MAP ┊ P.14 B-1

西湖の蓮畑とハノイの季節の花々

Đầm Sen Công Viên Nước Hồ Tây

西湖ウォーターパーク蓮畑

　ハノイには四季があり、それぞれの季節に咲く美しい花々が街を彩ります。ベトナム人がとくに愛しているのは蓮の花。泥沼のなかでも凛と咲く蓮は、どんなに苦しい状況でもつねに明るく、希望をもって未来をみつめ、毅然として生きるベトナムの人々のようで、私も好きな花です。ベトナムの国花でベトナムの象徴です。

　蓮の見頃はその年の気候により前後しますが、大体5月下旬頃〜7月上旬頃まで。朝に美しく咲く蓮の花を求めて、早起きをして蓮畑に出かけましょう。蓮畑ではアオザイのレンタル（有料）も可能です。

※ただし着替える場所は簡易な小屋です。　MAP｜P.14 A-1

Chợ Hoa
花市場

西湖の蓮畑の近くに、深夜から早朝まで開いている花市場があります。全国の花の産地から集まった色とりどりの美しい花が山積みになっていたり、街の花売りたちが買い付けにやってきている様子は圧巻です。早起きして蓮畑に出かけた朝はぜひ立ち寄ってみてください。

MAP P.14 B-1

春
—
Hoa Bưởi
［ ザボンの花 ］

旧正月が過ぎた2月中旬頃〜3月頃、春を歓迎するかのように甘く、やさしい香りとともにザボンの花の花売りが街にやってきます。たった1本部屋に生けるだけで、部屋中が香りに包まれ、幸せな気分になります。

夏
—
Hoa Phượng Vĩ
［ 火炎樹 ］

5月頃、ハノイの街を真っ赤な火炎樹が彩ります。湖や街路樹など緑が多い風景に、真っ赤な火炎樹が加わるとより風情が増します。ハノイがもっとも暑い頃合いを見計らったかのように咲き乱れる赤い花を見ると、暑くて気だるさのなかにあっても少し元気がもらえます。

秋
—
Hoa Cúc Họa Mi
［ ヒナギク ］

11月〜12月はじめの頃、秋の終わりから冬に入る前のほんの数週間だけ街に咲く白くて可憐な花、ヒナギク。ヒナギクだけをかごいっぱいに積んで、街を花売りが走る姿はハノイの冬の訪れを知らせる風物詩。ヒナギクの真っ白な花畑では短い開花を楽しむように女性たちが写真撮影を楽しむ姿を目にします。

冬
—
Hoa Đào
［ 桃の木 ］

テト（旧正月）前、桃の木をバイクや車に積んで走る姿をたくさん見かけます。大きな桃の木や枝をたくさん積んだバイクを後ろから見ると、バイクの姿が見えないので、まるで桃の木そのものが走っているように見えます。テトにはどのおうちも桃の木を家に飾ります。かまどの神様が天に行っている間、家を守ってくれる魔除けの意味があるのだとか。かまどの神様については、P.131を参照。

ハノイの観光名所であり、ベトナム国民の拠り所でもある場所をめぐって、ベトナムという国の輪郭に触れてみましょう。歴史やそこを訪れる人たちの神妙な面持ちを見ていると、ベトナムが歩んできた道、先人たちが築いてきたものを誇りに思い、そして大事にしながら前に進んでいく姿への理解が深まります。

廟の柱の上の屋根部分は、国花である蓮が開花している様子を表しているとされます。

▷ 観光スポット

Lăng Chủ tịch Hồ Chí Minh

ホーチミン廟

ベトナムの礎となった偉大な父が眠る場所

　建国の父といわれる、ホーチミン元国家主席の亡骸が安置されています。今も「Bác Hồ（ホーおじさん）」の愛称で国民から慕われています。国の礎を築いた彼の教えは、人々の精神の拠り所。「Không có gì quý hơn độc lập, tự do（独立と自由ほど尊いものはない）」という彼の言葉は、今もベトナムの国のスローガンとして国民の心に刻まれています。

　ベトナム全土から参拝に訪れる人々で、1時間ほど並びます。なかでその姿を拝めなくても、大理石でできた重厚な廟を外から見学したり、毎朝6時の国旗掲揚式や夜9時からの国旗降納式を見ることができます。

ハノイでの1日を国旗掲揚式の見学からはじめるのも◎。早朝のバーディン広場の雰囲気を楽しんで。

- ♀ Quảng Trường Ba Đình
- ◷ 7:30〜10:30（夏季）、8:00〜11:00（冬季）
- ⌂ 月・金曜休み
- ✉ 入場料：25,000 VND

MAP　P.11 A-3

Chùa Một Cột
一柱寺

「蓮花台」と呼ばれる楼閣に注目
ユニークな建築のお寺

　蓮の形をかたどったとされる池に1本柱で
建つお寺。歴史建築芸術遺産に指定されて
います。ホーチミン廟の隣にあるのであわせ
て見学したい場所です。このお寺を建てるに
いたった経緯については諸説ありますが、李
朝時代、子宝に恵まれなかった皇帝が蓮の
花の上で赤ん坊を抱く観音菩薩の夢を見たと
ころ、皇子に恵まれたため、お礼の礼拝をする
ために建てたといわれています。そのため、子
宝祈願にご利益があると信じられているとか。

1. ホーチミン廟から徒歩1〜2分
内の敷地内にあります。2. 薬局
等でも売られているタイガーバー
ムなどが売店に。心なしか、ほか
で買うよりも効き目がありそう?

📍 Chùa Một Cột, Ba Đình, Hà Nội ▬ 入場無料
(MAP ┊ P.11 B-3)

Văn Miếu
文廟(孔子廟)

ベトナムの学問の神様

　孔子が祀られている文廟には、1076年〜
1946年までベトナム最古の大学「国子監」が
設置されていました。そのため、学業にご利
益があるとされ、受験を控えた学生が合格
祈願に来る姿を見かけます。昔の官僚登用試
験である科挙の試験の合格者の名前が刻ま
れた石碑が贔屓(カメに似た姿の伝説上の
生き物)の上にのっており、「贔屓をなでると
試験に合格できる」といわれていましたが、
現在は保存のためなでることができません。
孔子像がある大聖殿の前の拝殿にあるツルの
下にいる贔屓をなでて願掛けすることができ
ます。旧正月には書道家に一年にふさわしい
言葉を漢字でしたためてもらい、祈念するた
めに大勢の人が行列をつくります。学業に関
する文字を書いてもらう人が多いようです。

1. この贔屓をなでて、参拝しよう。2. 旧正月は、書道家に書をしたた
めてもらうために1時間ほど並ぶことも。3. アオザイを着て参拝に
来る女性もよく見かけます。4. ベトナムの100,000 VND紙幣に描
かれている奎文閣。

📍 58 Quốc Tử Giám, Ba Đình, Hà Nội
🕐 8:00〜17:30 　無休 　▬ 入場料:30,000 VND
(MAP ┊ P.11 B-3)　　　　　　　　　　　　101

インドシナ時代にフランス人官僚子女のための宿舎だった建物を、美術館に改修しました。

(P) 観光スポット

Bảo tàng mỹ thuật Việt Nam

ベトナム美術博物館

アートを通して
ベトナムの歴史と今を知る

　文廟（P.101）の後方、道路をはさんだ向かい側にあり、文廟とあわせて訪れたい場所。古い仏像から現代アートまで幅広い作品が展示されています。アートを通して、ベトナムが歩んできた歴史や思想などを感じることができます。

　訪れた際、通り過ぎてしまわずに見学してほしいのが、敷地に入って左手側にある建物。こちらでは企画展が催されていて、興味深い現代アートに出会えるだけでなく、地下にはベトナム全土から集められた陶磁器、3階には少数民族の古い衣服や生活道具が展示されています。骨董が好きな人にもおすすめです。

1.美術品として展示されている古い少数民族の暮らしにまつわるものは必見。2.15世紀頃の美しいあつらえの陶器。3.石像でありながら子どもらしさややわらかい衣服の曲線まで表現された作品。

📍 66 Nguyễn Thái Học, Ba Đình, Hà Nội
📞 024 3823 3084
🕐 8:30〜17:00　♠ 無休
💳 入場料：40,000 VND　🖥 vnfam.vn

MAP　P.11 B-3

たくさんの魚の仕掛けをバランスよく積んだ行商の自転車。80年代〜90年代頃のもの。

(P) 観光スポット

Bảo tàng dân tộc học Việt Nam

民族学博物館

少し遠いけれど、ぜひ訪れたい
民族の暮らしを知ることができる博物館

　ベトナムには54の民族が暮らしています。それぞれの民族の衣食住にまつわる暮らしと伝統文化、風習に関する展示がされています。公園のように広い中庭には、少数民族の伝統家屋が展示されており、実際に入って見学することができます。民族の伝統や暮らしている地域の気候条件によって違う家屋のスタイルに触れてみると、彼らの生活を垣間見られた気がして楽しいです。水上人形劇も野外で公演されているので、あわせて観劇してみては。

1.昔ながらの水上人形劇を表現。
2.モン族の暮らしが再現された展示。

♀ Nguyễn Văn Huyên, Cầu Giấy, Hà Nội
☎ 024 3756 2193
🕐 8:30〜17:30　🏠 月曜休み
💰 入場料:40,000 VND　🖥 www.vme.org.vn

MAP　P.10 A-1

A Bản - Mountain Dew -

アバーン - マウンテンデュー -

少数民族の伝統料理を味わい
ベトナム料理の奥深さを楽しむ

　ベトナム料理のなかでもめずらしい、少数民族の料理が楽しめるレストラン。入り口に山岳地域の豊かな自然を彷彿とさせる小さな滝の演出があったり、民族衣装風のコスチュームを身につけたスタッフが出迎えてくれたりと、まるで少数民族が暮らす地域に迷い込んだかのような気分になります。

1.少数民族の生活道具がインテリアに用いられている点にも注目を。2.トイレのサインはムオン族の衣装をまとっています。3.森をイメージさせる店構えで、異世界への入り口のよう。

　提供されるメニューは53部族のうち、5つの部族の伝統料理をもとにアレンジしたもの。馬や水牛など個性的な食材を用いた、味わい深い料理を堪能できます。日本のベトナム料理店や、ベトナムの一般的なお店では食べられないちょっと変わったメニューを味わってみたい方はぜひ。

昆虫をトッピングした
料理もあるよ

📍 76 Trần Phú, Ba Đình, Hà Nội
📞 085 678 7678　🕐 10:00〜14:00、17:00〜23:00　🚪無休
💻 aban.com.vn
MAP : P.11 B-3

山椒がきいた黒豚ミンチをバナナの葉で包んで焼いたターイ族料理、195,000 VND（右）。水牛のジャーキー225,000 VND（左）や、天然食材で色づけされた五色おこわ（奥）85,000 VNDもおすすめ。

🍴 レストラン

Tầm Vị
タムヴィ

ベトナムの家庭料理を
気軽に食べられるレストラン

　魚の煮付けや豚の角煮、揚げ春巻きなどベ
トナム定番の家庭料理を味わえます。正午前
後と夕方6時半〜夜7時半頃のピークタイムは、
予約必須の人気店。どの料理も塩味や酸味
などの味付けがはっきりとしていて、ごはんが
すすみます。木造でノスタルジックな空間は
邸宅に招かれたような雰囲気を味わえ、落ち
着いて食事を楽しめます。緑豊かなテラス席
もおすすめ。食後のお茶まで、ゆっくり過ごし
たくなること間違いなしです。

📍 4b Yên Thế, Đống Đa, Hà Nội
📞 096 632 3131　🕐 10:00〜22:00
🏠 無休　🌐 www.facebook.com/nhahangtamvi

MAP ┊ P.11 B-3

1.豚ひき肉のロールレタスをトマトソースで煮込んだひと皿、
125,000 VND。2.アンティーク調でインテリアも素敵。3.通りから
一本入った道沿いに。近くにあるカフェで食後の休憩も◎。

🍴 レストラン

Veggie Castle
ベジーキャッスル

わざわざ行きたくなる
やさしい味わいのベジビュッフェ

　レトロなタイルやランプシェードが、あたた
かみのある空間を演出する小さな食堂風レス
トラン。健康に配慮した野菜料理がビュッ
フェスタイルで食べられることから、ハノイの
女性たちに大人気です。旬の野菜を取り入れ
たバラエティに富んだ日替わりの野菜料理、
ごはん、スープ、デザートが取り放題で
90,000 VNDという安さも魅力。ベトナムの旬
の野菜や家庭料理を堪能したい方はどうぞ。

📍 7 Yên Ninh, Ba Đình, Hà Nội
📞 086 691 1741　🕐 9:00〜21:30　🏠 無休
🖥 www.facebook.com/veggiecastle7yenninh

MAP ┊ P.12 A-1

1.ひとり旅だとなかなか多種類を食べることができないけれど、ここ
なら少しずつ盛り合わせられます。2.何種類もの野菜やキノコを工
夫をこらした調理法で提供。ビュッフェスタイルでおかわり自由。
3.一つひとつ柄の違うレトロなランプシェードがお気に入り。

洋服・雑貨

Indigo Store
インディゴストア

ていねいにつくられた、
ぬくもりが伝わる藍染の逸品

　「藍」をテーマにした上質な商品が手に入るお店。藍染生地を用いてデザインされた洋服やアクセサリー、雑貨小物はすべてオリジナル。シンプルでかっこよさのある小物雑貨は日常に取り入れやすいものが多く、男性用のおみやげ選びにも最適です。少数民族の古い貴重な衣服の展示などもあり、まるでギャラリーのようなお店は見ごたえも十分。文廟の近くにあるので、文廟見学とあわせて立ち寄りたいショップです。

📍 33 Văn Miếu, Đống Đa, Hà Nội
📞 024 3719 3090　⏰ 8:00～19:00　🏠 無休
🖥 www.facebook.com/IndigoStoreHanoi
MAP : P.11 B-3

1. 黒モン族の布やリネンでできたペンケース。2. 着心地に定評のあるリネンのメンズシャツ。男性へのおみやげにもおすすめ。3. 少数民族のアンティーク衣服は惚れ惚れする美しさ。

雑貨

CRAFT LINK
クラフトリンク

少数民族雑貨がかわいい
フェアトレードショップ

　少数民族や、消えゆく手工芸品をつくる農村の支援を行う団体が運営するショップ。ベトナム北部を中心に、支援を行うパートナーたちがつくる雑貨を販売しています。1階は漆や水牛の角、シルクなどの雑貨、2階は少数民族のテキスタイルを使ったポーチやスカーフなどが並んでいます。ベトナム人や欧米からのお客さんが多く、パキっとした色彩のアイテムが目を引きます。文廟の近くにあります。

📍 51 Văn Miếu, Đống Đa, Hà Nội
📞 024 3733 6101　⏰ 9:00～18:00　🏠 無休
🖥 www.craftlink.com.vn

MAP : P.11 B-3

1. ザオ族の刺繍が素敵なポーチ。2. 広い店内にベトナムのさまざまな工芸雑貨が並んでいます。3. 2階はやや雑多な陳列ですが、そのなかから掘り出しものを見つけるのも楽しい。

蓮や星をかたどったかわいらしいペンダントトップ。左からスピネル、アクアマリン、ガーネット、ルビーがついたシルバーのネックレス、各$80。

🌸 ジュエリー

Star Lotus
スターロータス

とっておきのおみやげに
ベトナム産ジュエリーはいかが

　ルビー、アクアマリン、スピネル、ダイヤモンドなどベトナムは宝石の産出国としても注目されていて、とくに8月の誕生石でもあるスピネルは最高品質と海外から評価を受けています。スターロータスは日本人オーナーがハノイで10年以上前にオープンさせたお店で、ベトナム産の良質な宝石を使ったジュエリーをお手頃価格で購入できます。

　お気に入りの原石を自分で選んで研磨する体験もできます。原石を磨き上げていく作業は時間を忘れて没頭してしまう楽しさがあります。宝石のことをよく知らなくても、オーナーがくわしく教えてくれるので安心して選ぶことができます。

📍 111 Mai Hắc Đế, Hai Bà Trưng, Hà Nội
📞 024 3974 9710　🕙 10:00〜19:00　🏠 無休
💻 www.starlotus.com.vn

MAP ┊ P.11 C-4

1

2

3

1.リングは宝石と貴金属の種類と組み合わせによって価格が異なります。シルバーは$50〜、18金とプラチナは$300〜。2.コリアンダーや海老、ニラが巻かれた芯の細かい生春巻きペンケース、95,000 VND。見つけた時のうれしさから、つい買いたくなります。3.大中小とさまざまな形や色がそろうプラかごバッグ、小100,000 VND。日本人好みの色合いがそろっています。

地元の人が通う
ローカルネイルを体験

ハノイでは、リーズナブルにネイルアートが楽しめます。ハノイっ子に流行のデザインを教えてもらったり、ほかのお客さんとのおしゃべりも楽しんで。

指先がきれいになると
旅気分も上々に

　日本より安く利用できるネイルを、旅の気分にあわせて変えてみて。ベトナム人は手先が器用。ネイルアートのイメージを伝えると、ささっと描いてくれます。最近では、カフェのような店内でネイルをしている間、ドリンクを楽しめるお店も。ネイルのカラーやデザインは、あらかじめイメージを決めておいたり、写真を用意しておくとスムーズです。色合いやデザインは店員さんのセンスと技術により若干のアレンジが加えられることも多いので、イメージ通りになるかどうかはお楽しみ（笑）。そんな予想の斜め上をいく仕上がりも、思い出として楽しみましょう。

Nail Kitchen
ネイルキッチン

📍 2F., 37 Đường Thành, Hoàn Kiếm, Hà Nội
📞 097 936 8166　⏰ 9:30〜19:30
🏠 無休　🌐 www.instagram.com/nailkitchenhanoi
MAP : P.12 B-1

[値段の目安]

シェラックネイル、290,000 VND〜。
ジェルネイル、130,000 VND〜。
ネイルアート、1本5,000 VND〜50,000 VND。

旅の疲れを癒す、
マッサージ＆スパ

ベトナムに来たら一度は体験してみたいマッサージ＆スパ。街のいたるところにお店があるため、気軽にサービスを受けられることや日本にくらべると安価なことが魅力。旅の疲れを癒しに、自分へのご褒美にぜひ訪れて。

レストランも完備されたスパ

ハノイ市内で3店舗、ダナンに2店舗を展開するスパ施設。ショッピング通りとしても有名なHang Gai（ハンガイ）通りにあるこちらの店舗は、街中のオアシスのような空間づくりをコンセプトにしています。長時間のマッサージコースやベトナム料理レストランも完備されていて、旅の疲れをゆっくりと癒すことができます。竹棒を使ったローリング＆ツボ押しマッサージや、ホットストーンを使ったマッサージ「L'essence De La Vie Unique Treatment」がおすすめ。入店時に記入するアンケートでとくに疲れを感じている箇所や、マッサージしてほしくない箇所を伝えることもできるので、言葉が通じなくても安心して受けられます。

L'ESSENCE DE LA VIE SPA
レッセンスデラヴィエスパ

- 📍 99 Hàng Gai, Hoàn Kiếm, Hà Nội
- 📞 024 6670 3818 　 🕐 9:00〜22:00
- 🏠 無休 　 🌐 lessencedelaviespa.com

MAP　P.13 C-2

1.個室内に浴槽やシャワールームも完備。2.竹棒やハーバルボール、ホットストーンなどを使ったマッサージは血行が整う感覚が味わえます。3.マッサージの後はお茶とドライフルーツでひと息。4.落ち着いた雰囲気のレストランスペース。5.多くのみやげもの店が並ぶハンガイ通りにあります。

本当は教えたくない
予約必須の人気マッサージ店

肩が凝っている、腰が痛い、歩き疲れて足がむくんでいる……。本気でマッサージを必要としている時はこちらへ。シンプルで飾り気のない店内ですが、腕はたしかです。人気店なので必ず事前に予約をしましょう。併設のカフェでは東洋の伝統医学に基づいた陰陽のバランスを整えるドリンクもオーダーできます。Xuân Diệu通りから路地を下った先にあります。

おすすめはオイルを使ったSwedish Massage 、60分250,000 VND。

Yakushi Center
薬師センター

- 📍 6 Ngõ 28 Xuân Diệu, Tây Hồ, Hà Nội
- 📞 024 3719 1971 　 🕐 8:30〜20:00 　 🏠 無休
- 📧 www.yakushicenter.com

MAP　P.14 B-2

ベトナム人料理家のお宅で、
アットホームな料理教室体験

家庭的なベトナム料理についてもっと知りたい、でもレストランやホテルで開講している料理教室は定番料理のデモンストレーションがほとんどで味気ない……。そんな人は、料理家であるアイ先生のおうちで受けられるプライベートレッスンはいかがでしょう。

「この食材の味は?」「どうやって調理するの?」「日本ではなにで代用したらいいの?」そんな素朴な質問にもていねいに英語で答えてくれます（日本語通訳付きもあり）。はじめて訪問するのに、どこか懐かしくて安心する、アイ先生のおうち。ベトナム料理の世界を深く知りたい人はぜひ。

\ アイ先生はどんな人? /

Vũ Thị Ngọc Ái
ブティゴックアイ

ベトナムの人気料理番組「マスターシェフ」に出演し、トップ5に選ばれる。現在はローカルフードツアーの案内を行うほか、自宅で料理教室（Ai's cozy kitchen）を開講。
Ái's Cozy Kitchen
aicookingclassvn.wixsite.com/
aiskitchen

アイ先生の友人アーティストたちの
作品がインテリアを彩る。

ローカル市場で食材ツアー

朝のにぎわう市場で野菜や果物、香辛料などベトナムの食材をアイ先生と買い出し。日本では見たことがないような野菜や魚、スパイスなど豊富な食材がそろっています。

先生のキッチンでわいわい話しながらのレッスン

レッスンの時にメモを取ることに集中するのは日本人の特性だとか。先生との会話を楽しみながら食材の調理方法などいろいろ教えてもらおう。

エシャロット、レモングラス、ショウガ、ニンニクもベトナム料理には欠かせない食材。

\ こんな食材をゲット! /

スパイスや調味料が豊富なベトナム。とくにこしょうや花椒は香り高く食欲をそそります。上から時計まわりに、Mắc khén(花椒)、Hạt tiêu(こしょう)、Muối(塩)、Đường thốt nốt(パームシュガー)、Bột nghệ(ターメリック)、Bột ớt(チリ)、Lạc(ピーナッツ)、中央はBột Cari(カレー粉)。

[アイ先生のレシピ]

Sữa Chua Nếp Cẩm

[黒もち米ヨーグルト]

材料(4人分)

・黒もち米 … 200g
・砂糖 … 100g
・ココナッツミルク … 小さじ8
・ヨーグルト … 200cc
・塩 … 少々
・パンダナス
（入れなくても可）… 2枚

つくり方

1. 黒もち米は水で洗い、塩を少し入れた水に4時間漬けておく。4時間後、炊飯器で米を炊くように黒もち米を炊く。その際に少々の塩と香り付けのパンダナスを入れる。
2. 黒もち米が炊けたら冷まし、砂糖とココナッツミルク小さじ4を加えて混ぜ、鍋に移して弱火にかけ、汁がなくなり、ねばりが出るまで煮る。
3. グラスに2の1/4量と、ヨーグルト1/4量、ココナッツミルク小さじ1、クラッシュアイスを加えてひとり分の完成。

Phở Bò
[牛肉のフォー]

材料(3人分)

スープ
・牛骨(3ℓ分) … 500g
・水 … 3ℓ
・玉ネギ … 1玉
・ショウガ … 15g
・シナモン … 5cmスティック
・カルダモン(ホール) … 1個
・スターアニス … 1個
・スルメ … 25g
・塩 … 小さじ1

A
・ヌクマム(魚醤) … 75ml
・うま味調味料 … 大さじ1½
・砂糖 … 大さじ1½

具材
・フォーの麺 … 300g
・牛肩肉 … 200g
・玉ネギ … 1/4玉
・コリアンダー、葉ネギ
　(万能ネギで代用可) … 適量
・こしょう、チリ、ライム … 適宜

つくり方

1. 牛骨をよく洗い、2時間水につけておく。大きな鍋に3ℓの水を沸騰させ、塩を入れる。10分間強火で牛骨を煮込み、表面にあくがでたら取り除く。さらに弱火で8時間以上煮込む。その間、具材の牛肩肉を同じ鍋に入れていっしょに煮込む。牛肩肉は2時間たったら取り出し、冷ましてからスライスする。

2. シナモン、カルダモン、スターアニスをフライパンで少し炒る。スルメを加え、香りがたつまで炒る。ショウガと、4等分に切れ目を入れた玉ネギをグリルで焼く。

3. 2をすべて1の鍋に入れ、1時間以上煮込み、Aを加えて味をととのえる。※煮込んでいる間にスープが減ってしまった場合は、1.5ℓになるように水を足す。

4. 乾麺のフォーの場合は、ゆでる前に10分間水につけておく。スープ鍋とは別の鍋にお湯を沸かし、2分間ゆでる。
　※ゆで時間はフォーの袋を参照。

5. フォーがゆで上がったら、3等分に分け、食べる直前に一度さっと30秒ほどお湯にくぐらせてあたため直す。どんぶりにフォーを盛り付けたら、スライスした牛肉、スライスした玉ネギ、小口切りにした葉ネギ、手でちぎったコリアンダーをのせ、3のスープを注ぐ。

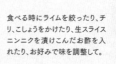

食べる時にライムを絞ったり、チリ、こしょうをかけたり、生スライスニンニクを漬けこんだお酢を入れたり、お好みで味を調整して。

Part 3

KHÁM PHÁ
THẮNG CẢNH ĐẸP

ハノイから
足をのばして

ràng

ン村

陶器の里、バッチャン村へ

　バッチャン村は1000年以上の歴史があるといわれ
ている古い陶器の工芸村です。1010年に古都ホアル
ー（現在のニンビン）からタンロン（現在のハノイ）
に都を移した際、Lý Thái Tổ（李太祖）が有名な陶芸
家たちを都のそばに呼び、陶芸の創作活動をさせた
のがはじまりと伝えられています。

　タンロンからほど近い場所で陶器をつくるのに適
した良質な土が見つかり、本格的に陶器づくりをはじ
めたのが現在のバッチャン村です。15世紀頃になると
世界との交易が盛んになり、陶磁器が日本へも輸出さ
れるようになりました。現在も村民の9割は陶器づくり
に携わっており、陶器の販売店や工房が軒を連ねて
います。

　バッチャン焼きの魅力は、整いすぎていないところ。
少し歪んでいたり、絵がにじんでいたり、同じデザイ
ンでも絵柄の大きさや筆使いが違っていたり……。ぜ
ひ村をあちこち散策して、自分だけのお気に入りを見
つけてください。

[行き方]

バス：ハノイのロンビエンバスターミナル（MAP P.12
A-2）から、バス47Aに乗車（20分間隔で運行、7,000
VND）。40分ほど乗り、終点のバッチャン陶器市場付近
のバス停で降車。
※「Tim Buyt」というバスアプリをダウンロードしておくと、
あと何分でバスが到着するか検索できて便利です。
タクシー：旧市街から約30分、約220,000 VND〜。
ツアー：約800,000 VND（専用車、日本語ガイド付き）〜。

小さな村なので、地図がなくても大丈夫。

114

職人たちが知識と技術を駆使して使用していた登り窯跡。

▷ 観光スポット

Lò Bầu Cổ
妊婦窯

引退した登り窯が見学できる
ショップとカフェも併設

　バッチャン村で唯一現存する登り窯。まるっとした窯がまるで妊婦のお腹のようなので、妊婦窯と呼ばれています。1980年頃までは熟練の職人により陶磁器が焼き上げられていましたが、ガス窯の普及により、現在は使われていません。自由に見学可能で窯のなかも見ることができるので、ぜひのぞいてみてください。工房では陶芸や絵付け体験もできます。完成品がハノイに届くまで1週間ほどかかるので、長めに滞在する方向けですが、バッチャン焼きをつくってみたかったらぜひ。

1. 村の散策の途中、休憩できるカフェも併設。2.陶芸などの体験に来る地元の子どもたちでいつもにぎわっています。3. バス停、バッチャン陶器市場から徒歩5分ほど。

📍 Xóm 3, Bát Tràng, Gia Lâm, Hà Nội
📞 096 216 1861　⏰ 8:00〜17:00
🏠 無休　💻 www.facebook.com/lobauco
🎫 見学無料

週末は地元の観光客でいっぱい。お店によって扱う陶器が違うので、ゆっくりと見てまわりましょう。

曲 市場

Chợ Gốm Bát Tràng

バッチャン陶器市場

陶器市場で掘り出しもの探し

　ハノイからローカルバスに乗ってバッチャン村を訪れると、バスの終点がこの陶器市場周辺です。ここは、何十軒ものお店が陶器を並べるバッチャン村で、いちばん品数が多い場所。バッチャン焼きらしい素朴なデザインの蓮柄、菊柄の陶器から家庭で日用使いできそうなシンプルな磁器まで種類が豊富です。値段はついていないお店がほとんどなので、お店の人と交渉しながら買いものを楽しんで。市場の商品は雑に重ねられていることが多いので、キズやヒビがないかをよく確認しましょう。

1.赤い菊柄のティーセット、280,000 VND。
2.少し難があるB級品が、雑多にかごに入れられて安く売られていることも。

📍 Bát Tràng, Gia Lâm, Hà Nội
📞 096 991 9669　🕐 8:00〜17:00
🏠 無休

116

LC HOME
エルシーホーム

伝統を受け継ぎながら
世界に通用する陶磁器をつくる

　バッチャン村が本格的に陶器をつくりはじめた頃から、代々陶磁器をつくり続けています。2011年より社名をLC HOMEに変え、オリジナルのモダンデザインの陶磁器を中心に製作し、世界各国へ輸出しています。LC HOMEの陶磁器はカドミウムなどの重金属を含まない安全な陶磁器として世界標準の規格も取得しているので、安心して使用できます。電子レンジ対応なのもうれしい。

📍 35, Xóm 5, Bát Tràng, Gia Lâm, Hà Nội
📞 024 3878 8222　⏰ 8:00〜16:00
🏠 無休　🖥 www.lchome.vn

1.レンゲ、50,000 VND。小皿（角、丸）、90,000 VND。中皿（角）、120,000 VND。2.大きな建物の2階の入り口をはいると、ショールームのように綺麗に陳列された陶磁器が。

1.この器でお酒とあてを楽しみたい。2.心地よい風が吹くアトリエの中庭。

📍 220 Giang Cao, Bát Tràng, Hà Nội
📞 090 806 8337　⏰ 9:00〜18:00　🏠 不定休

Delicious Ceramics
デリシャスセラミックス

バッチャン焼き作家の
独創的な世界観に触れる

　バッチャン焼きを運ぶトラックやバイクが行き交うGiang Cao（ザンカオ）通り沿いに、ひっそりと佇む一軒のアトリエ。扉を開けてなかに入ると、外の喧噪とは別世界の静かでどこか不思議な雰囲気が漂う空間が広がっています。グエンさんのアトリエ兼ショップで、彼が絵付けし、焼き上げた器などが並びます。顔が描かれていない人の絵柄は哀愁が漂い、なんともいえない味があり見入ってしまいます。

Sa Pa
サパ

自然とともに生きる民族と山の暮らし、サパへ

　54民族が暮らす、ベトナム。そのうちの53は少数民族ですが、その多くがベトナム北西部で暮らしています。ここサパは中国との国境近くにあり、ベトナム最高峰のファンシーパン山を望む山間の街です。19世紀のフランス植民地時代に避暑地として開発されたため、街並みや建築にもその名残が見られます。美しい棚田が広がる田園風景、圧巻の少数民族の伝統的な手仕事など、きっと心震える忘れられない出合いがあります。

　サパの周辺には、少数民族が暮らす村々があります。トレッキングをしながら、村を訪ねれば、それぞれに異なる民族衣装を身にまとう村人や、ふだんの暮らしを見ることができます。民族雑貨はバックハー日曜市などでも買うこともできるので、刺繍や手仕事好きなら、さらに足をのばしてみて。

Chợ Bắc Hà
バックハー日曜市

毎週日曜日の6:00〜13:00に開かれる市場。花モン族を中心に、ヌン族やタイ族、フーラー族などが周辺の村々から集まってきます。色とりどりの民族衣装を見たり、少数民族雑貨などのおみやげ品を探すのも楽しい。サパまたはラオカイからホテルなどでツアーに申し込めます。ツアーバスや車でサパより約3時間、ラオカイから約2時間。

📍 TT. Bắc Hà,
　Bắc Hà District

} 私はヌン族よ

周辺の村々へトレッキングしながら少数民族に出会う

5月下旬頃の田植えシーズンは、水田の棚田や田植えの様子が見られます。9月下旬頃の刈入れ前には稲が黄金になり、とても美しい風景が広がります。この時期は雨も多いですが、晴れれば最高！

1.**赤ザオ族**：赤ザオ族の刺繍はとにかく細かい。手の感覚だけで細密な刺繍をしていく様子はずっと見ていたくなる職人技。

2.**ザイ族**：ブルーやピンク、グリーンカラーのチャイナ風シャツに、ブラックパンツスタイルの衣服が素敵な民族。少数民族のなかではシンプルでカジュアル。モン族とザイ族が暮らす村では、モン族がザイ族の服を着てることもしばしば。

3.**花モン族**：まさに花のようにあざやかでかわいらしい色合いの衣装をまとう民族。素晴らしい手仕事の刺繍スカートは、見れば見るほど素敵。でも最近では化繊のプリント生地であつらえた衣服を着ていることが多いです。近頃はブルー基調の衣服が流行しています。

4.**黒モン族**：藍で染められた衣服をまとっています。黒モン族のダークトーンの色使いの細かい刺繍や蜜蝋で細かく描いた文様をろうけつ染した布は、圧巻の美しさです。

1
2
3
4

Chợ Sa Pa
サパ市場

2階の奥のほうに赤ザオ族のみやげもの屋が並びます。街の教会前から電気カートが頻繁に往復しているので、利用すると便利。

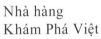

 QL4D, TT. Sa Pa, Lào Cai
 6:00〜18:00   無休

Nhà hàng Khám Phá Việt
カムファーヴィエット

サパ産のチョウザメやサーモンの鍋がサパ名物のひとつ。冷える季節の夜はとくにこの鍋を囲みながら、姫リンゴの酒Rượu Táo Mèo(タオメオ)をいただくのがおすすめです。

 15 Thạch Sơn, Sa Pa, Lào Cai
 9:00〜22:00   無休

[行き方]

バス：ハノイのミーディンバスターミナル（MAP P.9）、ザーラムバスターミナル（MAP外）から約5時間〜6時間半、220,000 VND〜。または、旧市街発のツーリストバスがおすすめ。インターネットで予約可能。sapaexpress.com
列車：ハノイ駅から約8時間、385,000 VND〜（エアコン付寝台車）。ラオカイ駅到着後、駅前に停車しているバスでサパまで約1時間、50,000 VND。

Nam Định

ナムディン

美しい教会建築と
原風景に出会える場所、
ナムディンへ

―――――

「ベトナムの列車に乗ってみたい」「観光地ではない田舎の街を旅したい」と思ったら、ナムディンへ。ハノイから列車に乗って、約1時間半で行くことができます。キリスト教徒の人口が約20%とほかの地域よりも多く、100を超える大小さまざまな教会があるのが特徴。また、ベトナム料理のなかでも有名なPhở（フォー）の発祥地がナムディン省の村であるといわれています。どこか懐かしさを感じるベトナムの原風景を探す旅に出かけてみませんか。

1.ナムディンが発祥とされるPhở（フォー）。心なしかより味に深みを感じるかも？ 2.ナムディンの中心地から約1時間南下した場所にある海の街ハイハウ。潮風の香りがする素朴な街並み。 3.あちこちに教会が。尖塔やドーム型の屋根はさまざまな建築様式が使われているので、見ていて飽きません。 4.早朝、ベトナム国旗がはため漁船が漁から戻る様子や名産のクラゲを出荷する光景が見られます。海岸沿いには浸食により廃墟となった教会が点在し、今にも崩れそうな教会跡から朝日が昇る光景が神秘的で美しいです。

[行き方]

バス：ハノイのザップバットバスターミナル（MAP外）から約2時間、65,000 VND〜。海辺の教会へ行く場合はHải Hậu（ハイハウ）行きに乗車し約3時間、70,000 VND〜。降車後は、タクシーまたはバイクタクシーで移動。事前予約のリムジンバスは約1時間、110,000 VND〜。
列車：ハノイ駅から約1時間30分、75,000 VND〜。
車：ハノイから車をチャーターするのが便利。ホテルや旅行会社に相談を。ナムディンのバスターミナルや駅からはタクシーまたはバイクタクシーで移動。基本的に英語は通じないため、ガイドを同行するのがおすすめです。

列車で旅情緒を
味わおう

Ninh Bình

ニンビン

日帰りで行ける、
見どころ満載の景勝地ニンビンへ

———

ニンビン省の観光エリアのひとつ、チャンアンの景観が複合遺産として世界遺産に登録され、人気がますます高まっているニンビン。カルスト地形が生み出した奇岩の山々と水田のコントラストが圧巻の美しさ。「陸のハロン湾」「ベトナムの桂林」と形容されることもありますが、ニンビンには、ここにしかない美しさがあります。ぜひ一度訪れてその自然美を体感してほしい場所です。

[行き方]

バス：ハノイのザップバットバスターミナル（MAP外）から約2時間～2時間半、100,000 VND～。事前予約のリムジンバスは約1時間半～2時間、155,000 VND～。
列車：ハノイ駅から約2時間15分、104,000 VND～。
車：ハノイから車をチャーターするのが便利。ホテルや旅行会社に相談を。
ツアー：ハノイ発着の日帰りツアーが毎日催行。ホテルや旅行会社に相談を。

Tam Cốc

タムコック

「三谷」という意味のタムコックは3つの洞窟を手漕ぎの小舟でめぐります。すべてをまわるのに約2時間かかりますが、時間があまりない人は途中で引き返すことがおかできるタムコックのボートツアーがおすすめ。4月下旬〜5月は田植えを終えた水田の稲が青々育っていて美しい。6月頃の刈入れ前は黄金色に輝く田園の景観が楽しめます。

- 📍 Khu du lịch Tam Cốc , Đội 2 văn lâm, Ninh Hải
  Hoa Lư, Ninh Bình ⏰ 7:00〜17:00 🚩 無休
- 🎫 120,000 VND/大人、150,000 VND/舟1隻貸切

Tràng An

チャンアン

雄大な自然とアドベンチャー感を楽しみたければこちらのボートツアーへ。洞窟やお寺をめぐるほか、映画「キングコング 髑髏島の巨神」のロケで使用したセットが見学できます。6月〜7月は水面に咲く蓮の花が楽しめます。

- 📍 Trường Yên, Hoa Lu, Ninh Xuân, Ninh Bình
- ⏰ 6:30(土日曜・祝日5:30)〜17:00 🚩 無休
- 🎫 クルーズ料金：250,000 VND/大人

※夏季は帽子や日傘、日焼け止めが必須。冬季は防寒対策をお忘れなく。
ボートツアーが終わったら、漕ぎ手にチップを渡しましょう。

Cố đô Hoa Lư

古都ホアルー

タンロン（現在のハノイ）に遷都される前、ベトナム初の独立王朝の都がおかれていたホアルー。ディン王朝とレ王朝時代の皇帝たちの祠が見学できます。

- 📍 Trường Yên, Hoa Lư, Ninh Bình
- ⏰ 5:30〜18:00 🚩 無休
- 🎫 入場料：20,000 VND

Chùa Bích Động

ビックドン寺

タムコックから約2kmの場所にあるお寺。石段を上ると下寺、中寺、上寺があります。6月〜7月には麓の渓谷に蓮が咲き美しい景観が楽しめます。

- 📍 Ninh Hải, Hoa Lư, Ninh Bình
- ⏰ 6:30〜18:30 🚩 無休
- 🎫 入場無料

Hang Múa

ムア洞窟

約480段の石段を上ると絶景がまっています。ほとんど登山なので、心して行きましょう。天気のよい日の夕刻には渓谷に沈む美しい夕日が拝めます。

- 📍 Khê Hạ, Hoa Lư, Ninh Bình
- ⏰ 6:00〜19:00 🚩 無休
- 🎫 入場料：100,000 VND

Văn Lâm

ヴァンラム村

13世紀頃から刺繍工芸を発展させてきたと
いわれるヴァンラム村。この村に暮らすほとん
どの女性が針仕事ができるそう。農閑期や家
事の合間にちくちく手仕事。手刺繍だからこ
その繊細さやいびつさが織り込まれています。

1.同じ絵柄でも職人の熟練度で刺繍のスピードや美しさ
が違います。2.3.針の指し方で風合いが変わるのがおも
しろい。4.おしゃべりに花を咲かせながら美しい刺繍を仕
上げます。

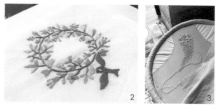

2

3

4

1.女性たちがつくり上げていく様子はずっと見ていられます。2.大量のい草製品が天日干しされている光景は、圧巻。

Kim Sơn
キムソン村

ニンビン市内から約1時間のナムディンにほど近い場所にある村。い草を使ったござやかごなどの工芸村として有名です。インテリアとしても部屋におきたくなるような素敵なかごたち。女性たちが早業で編み上げる姿はまさに職人技。

\ ここもおすすめ! /

Nhà thờ chính tòa Phát Diệm
ファッジエム教会

キムソン村内にある19世紀後半に建てられた教会。東洋的な木造建築と西洋的な装飾や様式が融合した興味深い建築物。教会内の柱や装飾は木彫りでできていて、その美しさにうっとり。

📍 TT. Phát Diệm, Kim Sơn, Ninh Bình
🕐 7:30〜17:00　🏠 無休
　※ミサの時間帯は見学不可。

1.大聖堂の内部。柱の梁に施されたレリーフの美しさを堪能して。2.「聖心礼拝堂」の扉。扉上部中央にあるハートの浮彫に注目。3.天に向かって反り上がったファサードが美しい「鐘塔」。4.敷地内には「石の礼拝堂」や教会の建造につくした「サウ司祭の墓」など、訪れたい箇所がたくさん。

Vịnh Hạ Long

神秘の海、ハロン湾へ

「龍が舞い下りた地」という伝説を持つ、ハロン
湾。ハロンは漢字で「下龍」と書くことからも、こ
の地名が伝説を示していることがわかります。
いったいどうやってできたのか、大小3000もの不
思議な奇岩が連なる神秘的な海はまるでＳＦ映画
の世界。こんな幻想的な風景が見られるハロン湾
ですが、ハノイ市から高速道路を利用すれば、約
２時間半で行くことができます。そのため、日帰り
観光も可能ですが、時間がある人にはぜひ船旅を
楽しんでほしいです。天気がよくても悪くても、そ
れぞれに違う顔を見せるハロン湾の雄大なながめ
を、ゆったりとした時間のなかで味わってください。
陸地に戻ってきた時、ベトナムの風景がまた違っ
た世界に見えてくるから不思議です。

[行き方]
ハノイから日帰りの場合は、旅行会社が催行するツアーが便
利です。船泊の場合は、旅行会社やBooking.comなどのホテ
ル予約サイトから申し込めます。ハノイのホテルからハロン湾ま
で送迎シャトルバスを運行しているホテルやクルーズもあるの
でウェブで確認を。ローカルバスで訪れることもできますが、
ハードルが高めです。

ハロン湾の船上で現実から離れた世界を満喫

ハノイから、パラダイスエレガンスクルーズが運行するシャトルバスに乗り、トアンチャウ港へ。「Welcome!」と、笑顔で迎えてくれるスタッフたちと船旅のキャプテン。はにかみながら歓迎の舞を披露する女性スタッフもかわいらしい。お昼頃に船に乗り込むと、さっそくランチビュッフェが用意されています。その後、ハロン湾でいちばん美しい洞窟と呼ばれるSung Sot（スンソット）洞窟を見学したり、パールの養殖場を見学したり、カヤックを楽しんだり、クッキングクラスが開講されたりと、船の上でたくさんのアクティビティが準備されていて、すべてを楽しもうとすると意外といそがしい！　アクティビティに参加して楽しむのもよし、部屋やデッキでのんびりするのもよし、それぞれの時間を過ごす旅人たちを乗せて、船は進みます。天気がよければハロン湾に沈む素晴らしい夕日を見ることができ、日が沈んでからも湾に浮かぶほかの船の灯りをイルミネーションのように楽しむこともできます。ディナーはコース料理で西洋料理かアジア料理、また肉、魚、ベジタリアンなど好きなメニューを選ぶことができます。

朝は6時から太極拳！　ハロン湾にゆっくりと昇る朝日とともに身体をゆっくり動かすことで、エネルギーをチャージできそう。朝食はビュッフェで、パンもフルーツも種類が豊富です。パラダイスクルーズの魅力はなんといってもごはんのおいしさ。ベトナムで人気のレストランを経営するグループが出す船なので、食事のおいしさは折り紙つき。おいしい食事と最高の景色。ハロン湾の船旅で、素敵なひと時が過ごせました。

クラシックなつくりの客室は、ぜいたくな気持ちにさせてくれます。

雄大な自然を楽しみながらバスタイム。

景色をただただ楽しむぜいたくな時間が過ごせます。

夕食は選べるコースメニュー。

ランチと朝食はビュッフェ式。パンがおいしい。

パラダイスエレガンスクルーズ
www.paradisecruise.com
料金：食事＆送迎付き、ツインルーム1泊$164〜。

海の上で最高の朝食が楽しめます。

ベトナムのお正月Tết（テト）！

　ベトナムでは、お正月は旧暦でお祝いします。この旧暦の元日をベトナム語で「Tết（テト＝節）」といいます。テトは、その年によって日付けが変わり、また実際の季節とも連動しています。四季があるハノイでは、テトを過ぎると、春のようなあたたかな気候になります。日本ではお正月を過ぎてもまだまだ寒い日が続きますが、ハノイに来てからは「迎春」という言葉の意味がしっくりとくるようになりました。

　ベトナム人にとって、テトは一年でいちばん大事な行事です。お正月を迎える前にはお花やお供物を用意したり、新しいアオザイを新調したり、親戚一同が集まるための食材やお酒を買い出しにいったりと、大いそがし。この時期のベトナムは一年のなかでもっとも華やかであり、人々の高揚感が街の様子に反映されていて、独特の雰囲気に包まれています。

　テトの前は交通が混雑したり、事故やスリなどが増えがちなため、街歩きには注意が必要ですが、一年でもっともベトナムらしさを感じられる特別な時期。旅行で訪れる際は、ぜひテトの日程を調べてみてください。ただしテト中はクローズになるお店も多いので、よく確認しましょう。

テトの前はお正月の料理やお菓子、お花の準備で大いそがし。でもテトの市場に買い出しに行ったり、新しいものを買ったり、家族で掃除をしたりが楽しい。

かまどの神様の日

旧暦の12月23日は「Ngày ông Công ông Táo(オンコン・オンタオ＝かまどの神様の日)」。1年間の家庭の善悪を神様が鯉にのり、天に昇って報告する日とされています。各家庭では、鯉や金魚を湖や川に放ち、紙の冥器を燃やす習慣があります。ハノイでいちばん大きな湖、西湖にいると次々と人々が鯉を放流にくる様子が見られます。

桃の花を飾りましょう

ベトナム北部はピンクのHoa Đào(ホアダオ＝桃の花)、南部は黄色のHoa Mai(ホアマイ＝梅の花)を飾っておくと、家庭の守り神＝台所の神様が留守の間、家を守ってくれるといわれています。また北部では子孫繁栄を願って金柑の木を飾ることもあります。

Hàng Mã(ハンマー)通りでは花市場や骨董市が開かれます

毎年テトになると旧市街のHàng Mã(ハンマー)通りは終日歩行者天国となり、テトの祭事用品や花を売る露店でにぎわいます。骨董市も毎年開催されていて、古い陶器や道具が路面に並びます。

西湖府に初詣に行きましょう

ベトナム独自の信仰「聖母道」の女神を祀る神社で、聖地としてハノイでいちばん人気のある初詣場所です。元日はお参りに来た人で混み合います。参道は西湖の名物バイントム(海老のかき揚げ)の屋台が並びお祭りのような雰囲気があります。

お正月料理を楽しみましょう

日本ではお正月にお餅をついて食べますが、ベトナムではBánh Chưng(バインチュン)といわれるちまきを各家庭でつくります。Lá Dong(ラーゾン)という葉またはバナナの葉にもち米、豚肉(脂身)、緑豆餡を包み、10〜12時間煮込みます。親戚が集まる家ではおみやげとして配ったりもするので、20個以上を大きな釜で煮込んだりとお正月前に家族で代わるがわる火の見張り役をしながら夜通しつくるのが風物詩です。お正月の食卓には必ず並び、数日たって少し硬くなってしまったら、焼いて食べるのもおいしいです。地方によりかたちが異なったり、家庭により味が違ったりもします。

Lì Xì(リーシー＝お年玉)は大人ももらえます

ベトナムにもお年玉文化があります。ラッキーマネーとして、新しい年の幸運や健康を祈願して子どもに渡します。会社では上司から部下に渡すなど大人同士でもラッキーマネーをやりとりします。お金は50,000 VND札や200,000 VND札など赤いお札が好まれます。お年玉袋もご利益がありそうな赤い袋が多いです。

131

スーパーマーケットでおみやげ探し

ハノイの観光エリアにある大型のスーパーには、おみやげものが充実しています。とくにおみやげ探しに使えるスーパー2店舗のなかで、日本に持ち帰ってよろこばれる"バラまきみやげ"を選んでみました。スーパーの店舗数は少ないので、調味料や袋麺、コーヒーなどの定番みやげを買うなら、街中にあるコンビニエンスストアもおすすめです。

1 2 3

1.南部ドンナイ省のカカオ農園、Stone Hillのチョコレート、108,000 VND。
2.コーヒーの産地、中部高原ラムドン省産アラビカコーヒー豆、190,000 VND。
3.ノン笠をかぶったパッケージがかわいいローストカシューナッツ、142,000 VND。4.オーガニックティーやコーヒーなど種類が豊富。蜂蜜やジャムもおいしいものがそろっています。

🏛 スーパーマーケット

ANNAM GOURMET - XUAN DIEU

アンナムグルメ - スアンジエウ

複合施設シレナ内にある輸入品、高品質食材を扱うスーパー。地下には生鮮食品、1階はお菓子、酒、コーヒー、茶などが並びます。国内のオーガニック食品メーカーのものなども扱っているので、安心して買いものできます。

📍 51 Xuân Diệu, Tây Hồ, Hà Nội
📞 096 919 1943　🕐 7:00〜21:00(土日曜21:30)　🚪 無休
🖥 shop.annam-gourmet.com
MAP P.14 B-2

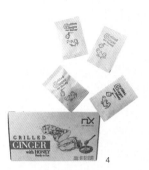

1

2

3

4

1.ジャスミンとココナッツの甘い香りのスキン用ココナッツオイル、80,000 VND。
2.ヨーグルトに入れてもおいしいやわらかめのドライマンゴー、22,600 VND。
3.ナッツとドライフルーツたっぷりのチョコレートバーを発見。ナッツ＆フルーツチョコレートバー、30,000 VND。4.おみやげに配るのに最適な個包装のドライ蜂蜜ショウガ、67,100 VND。5.「初穂」の意味を持つ、ベトナムのスピリット。ルアモイ（ベトナムウォッカ）、83,500 VND。6.お試しにちょうどいい60mlのヌクマム、13,800 VND。7.お湯を注ぐだけで楽しめるカフェオレのような甘いベトナムコーヒー、45,800 VND。8.ベトナム大手カフェチェーンPhuc Longの蓮茶（茶葉）、82,200 VND。9.いわゆるエビせんべいの野菜味バージョン、58,900 VND。家で揚げて熱々をどうぞ！10.辛味調味料サテがきいたベトナムインスタント麺、左5,900 VND、右4,200 VND。

5

6

7

8

9

10

 スーパーマーケット

Lotte Mart

ロッテマート

バーディン地区のランドマーク、ロッテセンターの地下にあるスーパーです。パッケージのかわいい食品など、ほかのローカルスーパーにはない品ぞろえ。ベトナムのおみやげものを集めたコーナーや生活用品のコーナーもチェックして。

📍 B1, Lotte Center, 54 Liễu Giai, Ba Đình, Hà Nội
📞 024 3724 7505　🕗 8:00〜22:00　🈳 無休

MAP P.10 B-2

ハノイ旅のヒント

★

ハノイを旅するうえで知っておきたい基本情報から、便利な言葉集をご紹介します。

※交通の金額や情報は、2023年5月現在のものです。渡航時に変更になっている場合もあります。

▶▶ 空港から市内へ

ハノイのノイバイ空港から市内へはタクシーやGrab(P.136)アプリを利用したグラブタクシーの利用で約30分。市内と空港間を運行するオレンジ色の86番バスは主要な観光エリアのバス停(ロンビエンバスターミナル、ハノイオペラハウス前など)で降車ができ便利。また予約したホテルに送迎サービスをあらかじめ申し込んでおくと安心。

[空港から市内までの料金目安]

タクシー:
約450,000 VND
グラブタクシー:
約350,000 VND
（時間帯による）
86番バス:
45,000 VND

▶▶ 通貨

ベトナムドンは最高額の紙幣が500,000 VNDとケタが大きく混乱しがち。紙幣はすべてホーチミン元国家主席の顔で似たような色あいのものもあり、最初は間違えやすいので注意が必要です。

支払いの時に間違えないように、低額紙幣と高額紙幣に分けて所持するのがおすすめ。紙幣用のポケットが2か所ある長財布も便利です。

▶▶ 両替

ハノイ市内では銀行や両替所、ホテルなどで両替できますが、比較的レートのよい空港で5,000円程度を両替しておくと安心です。旧市街の貴金属店が並ぶHà Trung（ハーチュン）通りでは、両替のレシートはもらえませんが、よいレートで両替ができます。

▶▶ 現金・クレジットカード

市内のホテル、レストラン、みやげもの店ではクレジットカードが使えることが多いです。現金はローカル屋台や市場、タクシーで主に使用しますが、500,000VND紙幣を出すとおつりがないことも多いので、両替の時になるべく細かいお金に両替してもらいましょう。

▶▶ チップ

チップは必要ありませんが、お店やホテルで親切にしてもらった時やマッサージ店では、気持ち程度の金額を渡しましょう。

[スリに注意！]
ハノイは、比較的治安はよいといわれていますが、ナイトマーケットなどの混雑している場所では、ポケットに入れた携帯電話や後ろに背負ったリュックなどから財布やカメラもすられたという話をたまに聞きます。また夜間の人通りが少ない道では、ひったくりに遭う可能性もあるので、十分注意が必要。貴重品を入れたバッグは洋服の内側に隠したり、バッグのファスナーを開けづらくする対策を。

▶▶ Wi-Fi事情

ほとんどのホテル、レストラン、カフェで無料Wi-Fiの利用が可能です。メニューやテーブル、レシートにパスワードが書いてあることが多いですが、わからないときはスタッフに聞くと教えてくれます。またベトナムの空港でSIMカードを買っておくとグーグルマップや各種アプリを利用しやすく便利です。日本でもインターネット通販サイトなどで入手可能なので、旅行前に準備しておくと安心。

電圧とプラグ

電圧はほとんど220Vで、プラグはAタイプとCタイプの複合型が多いです。日本のプラグをそのまま差し込んで使えますが、100Vの電気機器を使用する時は変圧器が必要です。

水

水道水は飲めませんが、歯磨きのうがい程度であれば使用できます。気になる人はペットボトルの水でうがいを。ペットボトルの水は軟水のものもあります。私は、いろはすのベトナム版DasaniやLavieをよく飲みます。

ホテル

安価なミニホテルがたくさんあるベトナム。ミニホテルの場合は、お湯がタンク式で一定量使った後はお湯が出なくなることもあるので、注意が必要です。また週末のナイトマーケットや歩行者天国により車両通行止めになる通りがあるため、車両が入れない路地にあるホテルは、途中で降りて荷物を運ばなくてはならないことも。ウェブで予約する際にはホテルの評価や口コミ、地図を入念にチェック。人気のホテルは予約が埋まりやすいので、早めの計画を。

ホテル予約サイト：booking.com

トイレ事情

公衆トイレやバスターミナルなどのトイレは、有料（1,000〜2,000 VND）な場合が多いです。入り口でお金を箱などに入れて入ります。公衆トイレでは、トイレットペーパーが個室にないことが多く、お金を入れる際にもらうか、入り口の備え付けのものを必要分取って使用しますが、ティッシュを多めに携帯することをおすすめします。またごみ箱がおいてある場合はトイレットペーパーは流さずにごみ箱に捨てます。そのような場所で流すと紙詰まりしてしまうことがあるので注意が必要です。

[**パスポートの紛失、トラブルの連絡はこちら**]

Đại sứ quán Nhật Bản
在ベトナム日本国大使館
- 📍 27 Liễu Giai, Quận Ba Đình, Hà Nội
- 📞 +84 24 3846 3000
- 🕐 8:30〜17:15
- 🏠 土・日曜、日本とベトナムの祝祭日は休み

MAP | P.10 B-2

気候と装い

ハノイには四季があります。春夏秋冬は旧暦をもとにしているので、はっきりと新暦で何月〜とはいえませんが、おおよそ春（2月頃〜3月頃）、夏（4月頃〜9月頃）、秋（10月頃〜11月頃）、冬（12月頃〜1月頃）です。夏場は暑さがきびしく、湿度も80%を超えるなど高めなため、吸水性の高い着替えが多めにあるとよいです。また移動中のバスやタクシー、列車などは冷房が強めなことが多いので、羽織れる長袖やストールがあると便利。日焼け対策にもなります。冬は気温が10度以下になることもあるので、軽めのダウンやジャケットが必要です。

[**あると便利な持ちもの**]

虫よけスプレー、虫刺され薬、ウェットティッシュ、マスク、うがい薬、目薬、常備薬、帽子、ストール、経口補水粉（スポーツドリンクの粉末）、ポケット型Wi-Fi。服装は黒い服は蚊が寄ってきやすいので、なるべく白っぽい服がおすすめ。

薬局などで購入できる、ベトナム版タイガーバーム。頭痛、鼻や喉の不調、虫刺されなどに効果がある万能塗り薬。携帯に便利な100円玉サイズもあります。

祝祭日

2024年2/10〜2/14頃	旧正月＊
2024年4/18	フン王の命日＊
4/30	南部解放記念日
5/1	メーデー
9/2	ベトナム建国記念日

※旧正月やメーデーはお店が閉まっていることが多いので注意が必要です。
※＊は移動祝祭日。旧正月の正確な期間はベトナム政府によって発表されます。

市内交通について

観光やショッピングに必要不可欠な移動手段。便利なアプリや注意点をまとめました。

※交通の金額や情報は、2023年5月現在のものです。渡航時に変更になっている場合もあります。

主な交通はバス、タクシー、バイクタクシー

バスは時刻表がなく、観光客にとって利用は難易度が高いです。またタクシーやバイクタクシーは英語が通じにくいことやぼったくりなどのトラブルに遭う可能性もあり、利用に不安があります。そこで、おすすめなのが配車アプリ。日本で右記のアプリをダウンロードしてから行くと便利です。

▶▶ Grab

Uberのような配車アプリ。行きたい場所を入力して、タクシーやバイクタクシーを呼ぶことができます。料金もあらかじめ決まっているので安心。カードを登録しておくとキャッシュレスで利用できます。郊外へ車で行きたい時もいくらくらいで行けるかあらかじめわかるので便利です。ベトナムで使える携帯電話番号が必要です。

▶▶ TimBuyt

バスのルート検索やGPS機能で乗りたいバスがあと何分で到着するかわかるアプリ。

観光エリアでは、シクロや電気カー、2階建ての市内周遊バスも便利!

▶▶ 電気カー

ホアンキエム湖北側、タンロン水上人形劇向かい(P.13 C-2)またはドンスアン市場から乗車でき、ホアンキエム湖周辺、旧市街のなかを1周できます。

※30分、245,000 VND〜。1台に7人まで乗車可能。

▶▶ シクロ

主に旧市街周辺で走っているので、値段を交渉し、目的地まで乗車するか、1時間自由に走ってもらうことができます。シクロは値段交渉でトラブルになることが多いので、注意が必要です。

▶▶ 市内周遊バス

ホアンキエム湖北側のQuảng Trường Đông Kinh Nghĩa Thục(クアンチュオンドンキンギアトゥック、東京義塾広場)近くにあるバス発着所(P.13 C-2)のチケットブースでチケットを購入し、乗車(土日曜は歩行者天国のため、ハノイオペラハウス前から乗車)。15か所の観光スポットのうち、好きな停留所で乗り降りできます。30分おきに周遊運行しているので、30分〜1時間を目安に観光を楽しんだ後、バスに乗車して次の観光スポットへ向かいましょう。

- 9:00〜18:30　無休
- hanoicitytour.com.vn
- 4時間 300,000 VND、24時間 450,000 VND、48時間 650,000 VND

[**2021年、ハノイメトロが開通!**]

ベトナム初となる都市鉄道(ハノイメトロ)が、2021年に開通しました。2023年5月現在、ハノイを南北に走る2A号線のみが運行中で、乗車券は8,000〜15,000 VND。1日乗車券は30,000 VND。本書紹介スポットでは、シルク工芸村(P.80)へのアクセスに利用できます。

- hanoimetro.net.vn

旅で使えるベトナム語講座

おはよう／こんにちは／こんばんは	Xin chào※	シンチャオ
はい	Vâng	ヴァン
いいえ	Không	ホ（コ）ン
ありがとう	Cảm ơn / Xin Cảm ơn	カムオン／シンカムオン（丁寧な言い方）
ごめんなさい	Xin lỗi	シンロイ
乾杯!	1・2・3・zô!	モッハイバーヨー!
おいしい	Ngon	ゴン
持ち帰り	Mang về	マンベー
いくらですか?	Bao nhiêu tiền?	バオニュウティエン?
お会計	Tính tiền	ティンティエン
うれしい（楽しい）	Rất vui	ザットヴイ

※朝昼晩いつでも使えるあいさつ言葉

また会いましょう!
Hẹn gặp lại nhé!
ヘンガップライ

ロータスとターコイズブルーの機体が輝く、ベトナム航空で

　日本とハノイは、飛行機で5〜6時間ですが、その時間を快適なものにする飛行機選びは旅の楽しみのひとつ。私がいつも利用しているのは、ベトナムフラッグキャリア「ベトナム航空」です。国花である"ロータス（蓮）"をモチーフにしたロゴやブルーの機体がお気に入り。キャビンアテンダントさんたちのアオザイ姿も素敵で、いつも癒されます。

　ハノイを訪れたらベトナム雑貨などをたくさん買って帰りたくなると思いますが、ベトナム航空のエコノミークラスの受託荷物は2個×23kgまで無料。重量オーバーを気にしなくていいのもうれしいポイントです。

　また、ほかの航空会社にくらべて、発着時間が

よいのも◎。ハノイ行きは成田、羽田、関西、名古屋、福岡からそれぞれ毎日運航しているので、旅の計画も立てやすいです。私のおすすめは、羽田を夕方に発つハノイ行きの便と、ハノイを深夜に発つ成田行きの便です。金曜の午後に半休を取れば、羽田から16時35分発のVN385に乗ってハノイで週末を過ごし、日曜深夜0時台発の成田行きに乗って月曜の早朝に日本に帰ってくるという週末旅行が可能です。深夜便のいいところは、最終日も夜までたっぷりと観光が楽しめること。そして、寝ている間に日本に到着します。

　利点がいっぱいのベトナム航空で、ぜひハノイ旅を楽しんでくださいね。

1	2	3
4	5	6
7	8	9

1.笑顔が素敵な客室乗務員さんたち。ホスピタリティも抜群です。2.ターコイズブルーの機体を見ると、旅のわくわく気分が高まります。3.ビジネスクラスは、ゆったりとした座席で快適な旅を約束。4.エコノミークラスは、機体と同じターコイズブルーでコーディネート。5.ビジネスクラスのアメニティ、旅の必需品が詰まっています。6.機内エンターテインメントでは映画や音楽が楽しめるほか、ベトナムの観光情報映像も見ることができます。7.搭乗後すぐに配られるウェットティッシュは、ロータスのロゴや色使いがかわいい。8.ヘッドホンにもロータスのロゴを発見。9.機内食も旅の楽しみのひとつ。メニュー表が配られるのも気が利いています。

Vietnam Airlines
ベトナム航空

1956年設立のベトナムフラッグキャリア。ベトナム国内のエアラインで唯一、航空業界の格付け調査を行うSKYTRAX社より4スターエアラインの認定と「COVID-19 SAFETY RATING」において安全・衛生に関する5スターの評価を受ける。
www.vietnamairlines.com

おわりに

「ハノイ旅行よかったよ」という声を聞くとほっとします。経済発展がめざましく、あらゆるインフラが整ってきているとはいえ、空港から市内への交通や市内での買いものなど、個人旅行者にとってはほかの東南アジア諸国とくらべると少しだけ不便さを感じることが多いかもしれません。

それでもハノイの街を歩くと感じる人々の活気、たくましさには「思い通りにいかない不便さ」のフラストレーションを忘れさせる快活さがあります。ハノイの食のおいしさに触れ、素敵な雑貨とめぐり合えた時にはぜひ、「人」との出会いも楽しんでみてほしいです。街で食堂を営むおばあさん、ツアーをガイドしてくれたお兄さん、おみやげもの屋のお姉さん……。きっと彼らの笑顔が忘れられないおみやげになるでしょう!

本書を通して、「ハノイ推し」がたくさん増えたらうれしいです。本書の感想や、あなただけのハノイの推しポイントなどもぜひ共有してください。Xin cảm ơn !

織り、染め、刺繍などベトナムの職人が
手仕事により仕上げた
テキスタイルを使用した洋服、
伝統工芸の技が生きるアクセサリー。

ベトナム、ハノイに拠点をおき、
現地の職人と一緒にものづくりをしています。

ものづくりの上で大事にしている4つのこと

1. 作り手ひとりひとりの顔がみえる
2. 作り手のQOLを大切にする
3. 環境に配慮している
4. 伝統文化を守る

ベトナムの手仕事

ante / アンテ

https://www.asiakougeisha.com/ante
IG: ante.vn FB: ante_vietnam
Mail: ante.vietnam@gmail.com

旅のヒントBOOK

新たな旅のきっかけがきっと見つかるトラベルエッセーシリーズ　各A5判

◎お問い合わせ：イカロス出版 出版営業部　https://www.ikaros.jp/hintbook

デザインあふれる森の国
フィンランドへ 最新版

定価1,870円（税込）

芸術とカフェの街
オーストリア・ウィーンへ

定価1,760円（税込）

甘くて、苦くて、深い
素顔のローマへ 最新版

定価1,760円（税込）

アドリア海の素敵な街めぐり
クロアチアへ

定価1,760円（税込）

BEER HAWAI'i
～極上クラフトビールの旅
ハワイの島々へ

定価1,760円（税込）

きらめきの国
ギリシャへ

定価1,870円（税込）

太陽とエーゲ海に惹かれて
癒されて
タイ・プーケットへ

癒しのビーチと古都散歩
ダナン＆ホイアンへ

定価1,650円（税込）

美食の古都散歩
フランス・リヨンへ

定価1,760円（税込）

南フランスの休日
プロヴァンスへ 最新版

定価1,980円（税込）

遊んで、食べて、癒されて
タイ・プーケットへ

定価1,650円（税込）

レトロな街で食べ歩き！
古都台南へ＆ちょっと高雄へ 最新版

定価1,760円（税込）

新しいチェコ・古いチェコ
愛しのプラハへ 最新版

定価1,760円（税込）

ダイナミックな自然とレトロかわいい町
ハワイ島へ

定価1,980円（税込）

魅惑の絶景と美食旅
ナポリとアマルフィ海岸周辺へ

定価1,760円（税込）

エキゾチックが素敵
トルコ・イスタンブールへ 最新版

定価1,760円（税込）

ヨーロッパ最大の自由都市
ベルリンへ 最新版

定価1,760円（税込）

ストックホルムと小さな街散歩
スウェーデンへ

定価1,870円（税込）

愛しのアンダルシアを旅して
南スペインへ

定価1,870円（税込）

大自然と街を遊び尽くす
ニュージーランドへ

定価1,760円（税込）

グリーンシティで癒しの休日
バンクーバーへ

定価1,760円（税込）

ロシアに週末トリップ！
海辺の街
ウラジオストクへ

定価1,650円（税込）

かわいいに出会える旅
オランダへ 最新版

定価1,760円（税込）

心おどる
バルセロナへ 最新版

定価1,760円（税込）

カラフルなプラナカンの街
ペナン＆マラッカへ

定価1,760円（税込）

※定価はすべて税込価格です。（2023年5月現在）

竹森 美佳
Mika Takemori

埼玉県生まれ。JICA青年海外協力隊として渡越後、ベトナムに魅了され移住。ハノイ市を拠点に少数民族の布をとりいれた洋服や手仕事をいかしたアクセサリーをつくる洋服＆ライフスタイル雑貨ブランド「ante（アンテ）」を主宰。在越10年。アジア工芸社ベトナム代表。
www.asiakougeisha.com

文・写真	竹森美佳
カバーイラスト	Tao Creative
デザイン	千葉佳子
マップ	ZOUKOUBOU
イラスト	佐々木素子
編集	鈴木利枝子（最新版）、佐々木素子（初版）

食と雑貨をめぐる旅
悠久の都ハノイへ 最新版

2023年6月25日　初版発行

著者	竹森美佳
	Copyright © 2023 Mika Takemori All rights reserved.
発行者	山手章弘
発行所	イカロス出版株式会社
	〒101-0051
	東京都千代田区神田神保町1-105
電話	03-6837-4661（出版営業部）
メール	tabinohint@ikaros.co.jp（編集部）

印刷・製本所　図書印刷株式会社

旅のヒントBOOK SNSをチェック！ >>>

＊海外への旅行・生活は自己責任で行うべきものであり、本書に掲載された情報を利用した結果、なんらかのトラブルが生じたとしても、著者および出版社は一切の責任を負いません